Der Kelch

Der Kelch

Der Todeskampf Christi

Eine Predigt über den Kelch
von Jonathan Edwards

Titel der amerikanischen Originalausgabe:
Jonathan Edwards, *The Works of Jonathan Edwards*,
Vol.2, „Christ`s Agony"
(Edinburgh: Banner of Truth Trust, 1995)

© 2020 deutschsprachige Ausgabe Martina Heinig
Aus dem amerikanischen übertragen von Martina Heinig
Zitate nach dem Text der Revidierten Elberfelder
Übersetzung 2003
Herstellung und Verlag: BoD – Books on Demand,
Norderstedt
ISBN: 9783751969994

Und als Er in Angst war, betete Er heftiger. Es wurde aber Sein Schweiß wie große Blutstropfen, die auf die Erde herabfielen (Lukas 22,44)

Unser Herr Jesus Christus war, in Seiner ursprünglichen Natur, erhaben über alles Leid, denn Er war „Gott über alles, für immer gesegnet". Aber als Er Mensch wurde, nahm Er Anteil an unserer menschlichen Natur, die sehr schwach und dem Leiden ausgesetzt ist. In der Bibel wird die menschliche Natur mit dem Gras auf dem Feld verglichen, das leicht verwelkt und vergeht. Sie wird verglichen mit einem Blatt, mit trockenen Stoppeln und mit einem Windhauch. Die Natur eines schwachen Menschen, so wird gesagt, ist wie Staub und Asche, die ihren Ursprung im Staub hat. Es war diese schwache Natur Christi, die den Leiden ausgesetzt wurde. Christus, der der allmächtige Herr und Gott ist, nahm nicht die menschliche Natur in ihrem ursprünglichen, perfekten und starken Zustand an, sondern in diesem schwachen Zustand, wie sie es seit dem Sündenfall ist. Deshalb wird Christus als „eine zarte Pflanze" und „eine Wurzel aus einem trockenen Boden" bezeichnet. In Jesaja 53,2 heißt es:

„Er ist wie ein Trieb vor ihm aufgeschossen und wie ein Wurzelspross aus dürrem Erdreich. Er hatte keine Gestalt und keine Pracht. Und als wir Ihn sahen, da hatte Er kein Aussehen, dass wir Gefallen an Ihm gefunden hätten."

Der wichtigste Auftrag Christi in der Welt war, zu leiden; deshalb kam Er in einer Natur, die für das Leiden geeignet war. Sein ganzes Leben war mit Leid gefüllt: Er begann in Seiner Kindheit zu leiden, aber Sein Leid nahm zu, je mehr Er sich dem

Ende Seines Lebens näherte. Nachdem Sein öffentliches Wirken begann, war Sein Leid größer als zuvor und der spätere Zeitabschnitt Seines öffentlichen Wirkens scheint sich besonders durch Leiden ausgezeichnet zu haben. Je länger Christus in der Welt lebte, und je mehr sie von Ihm sahen und hörten, umso mehr hassten sie Ihn. Seine Feinde wurden immer wütender wegen Seinem beharrlichen Widerstand gegen ihre Begierden. Der Teufel war oft verwirrt durch Ihn, und er wurde immer wütender und verstärkte den Kampf mehr und mehr gegen Ihn. Die Wolken über dem Haupt Christi wurden dunkler und dunkler, solange Er in der Welt lebte, aber sie waren am dunkelsten, als Er am Kreuz hing und rief: *„Mein Gott, mein Gott, warum hast du mich verlassen?"* Bereits vor der Zeit am Kreuz, während Er im Garten Todesängste durchlebte, war es übermäßig dunkel. Ich schlage vor, dass zum Thema meines heutigen Vortrags zu machen.

Das Wort *agony* bedeutet „ernsthafter Wettkampf", wie wir es beim Ringen erleben, beim Laufen oder beim Fechten. Jesus sagte in Lukas 13,24: ***„Ringt** danach, durch die enge Pforte hineinzugehen, denn viele, sage ich euch, werden hineinzugehen suchen und werden es nicht können."* Im Urtext bedeutet dieses Wort *agwnizesqe* „mit dem Tode ringen, um durch die enge Pforte zu gehen". Dieses Wort wurde besonders bei den olympischen Spielen in jenen Tagen gebraucht, in denen Männer beim Wettlauf, beim Ringen und bei anderen Disziplinen um den Sieg kämpften. Ein Preis wurde festgesetzt und dem Sieger verliehen. Von denen, die den Sieg errungen hatten, sagte man, sie hätten *mit dem Tode gerungen*. Dementsprechend schrieb der Apostel in seinem Brief an die Christen von Korinth, einer Stadt in Griechenland, in der diese Spiele einmal im Jahr ausgetragen wurden, in Anspielung auf die Bestrebungen der Kämpfer: *„Und jeder Mensch, **der um den***

Sieg ringt", im Urtext, jeder, der *agonizeth*, *„ist gemäßigt in allen Dingen"*.

Der Ort, an dem die Spiele abgehalten wurden, nannte man *Agwn*, oder den Ort der Qual; und das Wort wird in der Heiligen Schrift vor allem für den Kampf im ernsthaften Gebet verwendet, in dem Menschen mit Gott ringen. Man sagt, sie ringen im Gebet. Deshalb wird das Wort in Römer 15,30 benutzt: *„Ich ermahne euch aber, Brüder, durch unseren Herrn Jesus Christus und durch die Liebe des Geistes, mit mir zu kämpfen in den Gebeten für mich zu Gott ..."*. Im Original steht *sunagwnizesqai moi*, das bedeutet, „mit mir zusammen ringen". In Kolosser 4,12 schreibt Paulus: *„... allezeit für euch ringt in den Gebeten, dass ihr vollkommen und völlig überzeugt in allem Willen Gottes dasteht."* Im Urtext steht *agwnizwn*, und es bedeutet „für euch ringend". Sodass, wenn es im Text heißt, dass Christus im Todeskampf war, es die Bedeutung hat, dass Seine Seele in einem großen und ernsthaften Kampf und innerem Zwiespalt war.

So war es in zweierlei Hinsicht: Seine Seele war in einem großen und schmerzhaften, inneren Zwiespalt wegen dieser schrecklichen und erstaunlichen Vorausschau, die Er dann hatte, und gleichzeitig befand Er sich in starken Geburtswehen sowie im ernsthaften Ringen mit Gott im Gebet. Ich möchte dies in meinem Vortrag über die Todesangst Christi anhand der zwei folgenden Thesen verdeutlichen:

I. Dass die Seele von Christus, während Seiner Todesangst im Garten, in einem inneren Zwiespalt stand zwischen dieser schrecklichen und erstaunlichen Vorausschau und den Vorahnungen, die Ihn später selbst betrafen.

II. Dass sich die Seele von Christus, während Seiner Todesangst im Garten, sowohl in starken, ernsthaften Geburtswehen als auch im Gebetskampf mit Gott befand.

I. Der innere Zwiespalt Christi

Die Seele Christi stand, während Seiner Todesangst im Garten, in einem inneren Zwiespalt zwischen jener schrecklichen und gleichzeitig erstaunlichen Vorausschau. Um diese Behauptung zu verdeutlichen, werde ich mich bemühen, zu zeigen, was diese Vorausschau bedeutete; dass der Todeskampf, den Christus erdulden musste, durch diese Vorausschau hervorgerufen wurde; dass dieser Zwiespalt besonders stark und qualvoll war; und ich werde den besonderen Plan Gottes aufzeigen, warum er Christus diese schreckliche Vorausschau gegeben hat …

Den Kelch betrachten

Erstens war der Grund für diese Vorausschau und die Vorahnungen, die Christus während Seines Todeskampfes im Garten bekam, der bittere Kelch, den Er kurze Zeit später am Kreuz trinken musste. Die Leiden, die Christus während Seines Todeskampfes im Garten durchlebte, waren nicht Seine schwersten Leiden, obwohl sie sehr schwer waren. Aber Seine letzten Leiden am Kreuz waren Seine bedeutendsten Leiden, und deshalb nennt man sie „den Kelch, den Er trinken musste". Die Leiden am Kreuz, an dem Er getötet wurde, wurden in der Heiligen Schrift immer als die größten Leiden Christi bezeichnet; besonders jene, in denen es heißt *„Er trug unsere Sünden an Seinem eigenen Leib"*, wodurch Er Sühnung für die Sünden bewirkte. Sein Erdulden des Kreuzes, Sein „sich demütigen" und

Sein „gehorsam werden bis zum Tod", sogar bis zum Tod am Kreuz, werden als die wichtigsten Seiner Leiden bezeichnet. Das ist der Kelch, der während Seines Todeskampfes vor Christus hingestellt wurde! Durch die Gebete, die Er danach sprach, ist belegt, dass Er zu diesem Zeitpunkt diese Vorausschau hatte.

Nach Matthäus betete Christus dreimal an jenem Abend, während Er im Garten Gethsemane war, und alle bezogen sich auf den bitteren Kelch, den Er zu trinken hatte.

Das erste Gebet finden wir in Matthäus 26,39:
„Und Er ging ein wenig weiter, fiel auf Sein Angesicht und betete und sprach: Mein Vater, wenn es möglich ist, so gehe dieser Kelch an mir vorüber! Doch nicht wie ich will, sondern wie du willst."

Das zweite Gebet steht im 42. Vers:

„Wiederum, zum zweiten Mal, ging er hin und betete und sprach: Mein Vater, wenn dieser Kelch nicht vorübergehen kann, ohne dass ich ihn trinke, so geschehe dein Wille!"

Das dritte Gebet steht im 44. Vers:

„Und Er ließ sie, ging wieder hin, betete zum dritten Mal und sprach wieder dasselbe Wort."

Daraus geht deutlich hervor, was Christus zu diesem Zeitpunkt gesehen hat. Dass Er in seinen Gebeten darauf so sehr beharrte, zeigt auf, welche tiefe Absicht in Seinem Geist war. Es war Sein Leiden am Kreuz, das Er am nächsten Tag zu erdulden hatte. Zu dieser Zeit würde eine Finsternis über die ganze Erde kommen und eine noch tiefere Dunkelheit über die Seele Christi.

Zweitens möchte ich die Art und Weise aufzeigen, wie dieser bittere Kelch Christus vor Augen geführt wurde.

Er hatte eine lebhafte Vorstellung von dem Kelch, den Er zu trinken hatte. Sein hauptsächlicher Auftrag in der Welt war es, diesen Kelch zu trinken, Er hatte ihn immer vor Augen und sprach auch sehr oft mit Seinen Jüngern darüber.

So sagt die Bibel in Matthäus 16,21:

„Von der Zeit an begann Jesus Seinen Jüngern zu zeigen, dass er nach Jerusalem gehen müsse und von den Ältesten und Hohenpriestern und Schriftgelehrten vieles leiden und getötet und am dritten Tag auferweckt werden müsse."

Und in Kapitel 20,17-19 heißt es:

„Und als Jesus nach Jerusalem hinaufging, nahm Er die zwölf Jünger allein zu sich und sprach auf dem Weg zu ihnen: Siehe, wir gehen hinauf nach Jerusalem, und der Sohn des Menschen wird den Hohenpriestern und Schriftgelehrten überliefert werden, und sie werden Ihn zum Tode verurteilen; und sie werden Ihn den Nationen überliefern, um Ihn zu verspotten und zu geißeln und zu kreuzigen; und am dritten Tag wird Er auferweckt werden."

Das gleiche Thema war Gegenstand der Unterhaltung auf dem Berg mit Moses und Elia, als Er verklärt wurde. So spricht Er von Seiner blutigen Taufe in Lukas 12,50: *„Ich habe aber eine Taufe, womit ich getauft werden muss, und wie bin ich bedrängt, bis sie vollbracht ist."* Er spricht davon noch einmal zu den Kindern des Zebedäus in Matthäus 20,22: *„Könnt ihr den Kelch trinken, den ich trinken werde? Sie sagen zu ihm: Wir können es."* Er sprach von Seiner Erhöhung in Johannes 8,28:

„Da sprach Jesus zu ihnen: Wenn ihr den Sohn des Menschen erhöht haben werdet, dann werdet ihr erkennen, dass ich es bin und dass ich nichts von mir selbst tue, sondern wie der Vater mich gelehrt hat, das rede ich."

In Johannes 12,34 steht:

„Die Volksmenge antwortete ihm nun: Wir haben aus dem Gesetz gehört, dass der Christus bleibe in Ewigkeit, und wie sagst du, dass der Sohn des Menschen erhöht werden müsse? Wer ist dieser, der Sohn des Menschen?"

Er sprach von der Zerstörung des Tempels Seines Leibes in Johannes 2,19: *„Jesus antwortete und sprach zu ihnen: Brecht diesen Tempel ab, und in drei Tagen werde ich ihn aufrichten".* Und Er sprach davon kurz vor Seinem Todeskampf, in Seinen letzten Gesprächen mit Seinen Jüngern, im 12. und 13. Kapitel des Johannes.

Das war nicht das erste Mal, dass Christus diesen bitteren Kelch vor sich sah. Im Gegenteil, Er hatte ihn immer vor Augen. Aber es scheint, dass Gott Ihm zu diesem Zeitpunkt eine außergewöhnliche Sicht dafür gab. Ein Gefühl von diesem Zorn, der auf Ihn ausgegossen werden sollte und diese außergewöhnlichen Leiden, die er durchmachen müsste, wurde durch die unmittelbare Kraft Gottes so stark in Seinen Gedanken, dass Er weit größere und lebhaftere Vorstellungen von der Bitterkeit des Kelches hatte als jemals zuvor. Diese Vorahnungen waren so schrecklich, dass Seine schwache menschliche Natur bei ihrem Anblick zurückschreckte und bereit war aufzugeben.

Der Kelch der Bitterkeit wurde jetzt so real, als wenn Er ihn schon in der Hand halten würde. Er hatte keine klarere und lebhaftere Vorstellung davon als vorher, aber Er war nun so dicht vor Ihm, dass er ihn unverzüglich hätte nehmen und trinken können. Denn in derselben Stunde würde Judas mit seiner Truppe von Männern kommen, in deren Hände Er sich dann ausliefern würde.

Dies geschah deshalb, damit Er den Kelch am nächsten Tag trinken konnte. Er hätte von dem Ort, zu dem Judas kommen würde, fliehen und sich weigern können, den Kelch zu nehmen. Er hätte genügend Gelegenheiten gehabt zu entkommen, wenn Er es gewollt hätte.

Mit dem Kelch des Zornes ringen

Nachdem ich aufgezeigt habe, welches diese schreckliche Vorausschau und die Vorahnungen waren, die Christus in der Zeit Seines Todeskampfes hatte, werde ich mich bemühen zu zeigen, dass der Konflikt, den die Seele Christi aushalten musste, durch diese Vorausschau und die Vorahnungen hervorgerufen wurde. Das Leid und der Schmerz, die Seine Seele dann erlitten, entstanden durch diese lebhafte, vollständige und direkte Vorausschau, die Ihm von diesem Kelch des Zornes gegeben wurde. Denn Gott, der Vater, tat, als ob der Kelch so vor Ihn hingestellt würde, dass Er Ihn hätte nehmen und trinken können.

Einige haben gefragt, was der Anlass für diesen Schmerz und den Todeskampf war, und es gab viele Spekulationen darüber, aber das, was die Heilige Schrift selbst sagt, ist in dieser Angelegenheit vollständig ausreichend und lässt keinen Raum für Spekulation oder Zweifel. Die Gedanken, die Christus bewegten, stimmten ohne Zweifel mit dem überein, was Er sagte. Es war die große Angst, die Seine schwache menschliche Natur vor diesem schrecklichen Kelch hatte, der weitaus schrecklicher war als Nebukadnezars Feuerofen.

Er bekam dann einen tiefen Einblick in diesen Feuerofen des Zorns, in den Er hineingeworfen werden sollte. Damit er eine Vorstellung davon bekam, wohin Er gehen und was Er erleiden würde, wurde Er an die Öffnung des Ofens gebracht, um, davorzustehen und die tobenden Flammen und die glühende Hitze anzuschauen. Dies erfüllte Seine Seele mit Trauer und Dunkelheit, und dieser schreckliche Anblick erdrückte Ihn. Warum stand die menschliche Natur Christi einem solch mächtigen Zorn wie diesem gegenüber? Seine menschliche Natur war alleingelassen, hatte keine Unterstützung von Gott, sondern sie war wie ein schwacher Wurm im Staub. Keinem der Kinder Gottes wurde jemals so ein Kelch vorgesetzt wie Christus!

Der grauenhafte Anblick

Um nicht noch länger hierbei zu verweilen, beeile ich mich zu zeigen, dass der Konflikt in der Seele Christi bei der Vorausschau Seiner letzten Leiden über allen Maßen schrecklich war. Dies wird zeigen, was die Bibel über dieses Schreckliche sagt. Durch einen der Evangelisten wird uns erzählt *„... und (er) fing an, betrübt und geängstigt zu werden"* (Matthäus 26,37) und durch einen anderen Evangelisten, *„... und er nimmt den Petrus und Jakobus und Johannes mit sich und fing an, sehr bestürzt und geängstigt zu werden"* (Markus 14,33). Diese Beschreibungen verdeutlichen den intensiven und überwältigenden Kummer, der in Seiner Seele war. Die Ausdrucksweise, die Lukas für die unerträglichen Leiden Jesu verwendete, gemäß der ursprünglichen Bedeutung dieses Wortes, enthält einen ungewöhnlichen Grad an Leid.

Es bedeutet eine derart extreme Bedrängnis, dass Seine Natur damit einen gewaltigen Konflikt hatte, wie ein Mann, der mit all seiner Kraft mit einem starken Mann ringt, sich dabei hart anstrengt und bemüht ist, ihn mit äußerster Kraft zu besiegen.

Christus, der Dinge niemals übertrieben darstellte, sagte: *„Meine Seele ist sehr betrübt, bis zum Tod"* (Matthäus 26,38). Welche Sprache kann den extrem hohen Grad des Leidens stärker zum Ausdruck bringen? Seine Seele war nicht nur „betrübt", sondern „sehr betrübt". Und weil dies das Ausmaß von Seinem Leid nicht in vollem Umfang zum Ausdruck brachte, fügte er hinzu „bis zum Tod". Dies scheint den „Schatten des Todes" anzudeuten, eine Redensart, die die Hebräer gebrauchten, um den höchsten Grad des Leidens auszudrücken, den ein Lebewesen ertragen kann.

Durch den direkten Anblick des bitteren Kelches, der jetzt vor Christus hingestellt wurde, wurde nun sozusagen der Schatten des Todes über Seine Seele gebracht. Wir lesen im Text, dass die körperliche Auswirkung davon der blutige Schweiß war. In unserer Übersetzung heißt es: *„Es wurde aber sein Schweiß wie große Blutstropfen, die auf die Erde herabfielen."*

Das Wort *große Tropfen* heißt im Urtext *qromboi* und bedeutet eigentlich Klumpen. Wir können annehmen, dass das Blut durch den Druck dieses inneren Kampfes und Konflikts durch die Poren Seiner Haut herausgepresst wurde, und als es der kühlen Nachtluft ausgesetzt war, gerann und erstarrte es, wie es die Natur des Blutes ist, und so fielen von Ihm nicht Tropfen, sondern Klumpen.

Wenn das Leiden Christi lediglich einen heftigen Schweißausbruch verursacht hätte, würde das nicht ausreichend gezeigt haben, dass Er sich im Todeskampf befand.

Es muss eine außerordentliche Betrübnis und eine gewaltige Anstrengung des Geistes gewesen sein, dass Sein Körper in einer kalten Nacht schweißbedeckt war, wie es ersichtlich ist in Johannes 18,18: *„Es standen aber die Knechte und die Diener da, die ein Kohlenfeuer gemacht hatten, weil es kalt war, und wärmten sich."* Dies war in derselben Nacht, in der Christus Seinen Todeskampf im Garten hatte. Aber Christi innere Not und Betrübnis hatten nicht nur einen heftigen Ausbruch von normalem Schweiß zur Folge, sondern sie bewirkten, dass er Blut schwitzte. Die Angst und Not Seines Geistes war so unsagbar extrem, dass Sein Blut durch die Poren Seiner Haut gepresst wurde. Es drang in solchen Mengen heraus, dass es wie in großen Klumpen oder Tropfen von Seinem Körper zu Boden fiel.

Das Ende der Vorausschau

Ich komme nun dazu, das besondere Ende zu zeigen, welches Gott Seinem Sohn vor dem schrecklichen Anblick Seiner letzten Leiden gab. Ich möchte zeigen, warum es nötig war, dass Christus eine vollständige und außergewöhnliche Vorausschau auf den Kelch, den Er zu trinken hatte, bekommen musste, kurz bevor er Ihn trank.

Ich möchte den Grund aufzeigen, warum Er solch einen Vorgeschmack auf den Zorn Gottes bekommen musste, den Er am Kreuz auszuhalten hatte, bevor schließlich die Zeit gekommen war, ihn zu ertragen.

Die Antwort darauf ist, dass Er den Kelch nehmen und ihn austrinken könnte, weil Er im Voraus weiß, was Er tun würde.

Wenn der menschlichen Natur Christi keine außergewöhnliche Vorausschau auf Seine Leiden gegeben worden wäre, hätte Er, als Mensch, nicht vollständig erfassen können, welche Leiden auf Ihn zukommen würden. Deshalb hätte Er, als Mensch, nicht wissen können, was es für Ihn bedeuten würde, wenn Er den Kelch nehmen und trinken würde. Er hätte nicht völlig gewusst, was dieser Kelch bedeutete, weil es ein Kelch war, den Er nie zuvor getrunken hatte. Hätte sich Christus selbst in jene schrecklichen Leiden gestürzt, ohne sich völlig der Bitterkeit und Schrecklichkeit bewusst zu sein, hätte Er nicht gewusst, was Er tut. Als Mensch wäre er blind dafür gewesen, weil Er sich selbst aus Unwissenheit in diese Leiden gestürzt hätte.

Diese Leiden auf sich zu nehmen, wäre natürlich nicht völlig Sein eigenes Handeln gewesen. Christus, als Gott, wusste genau, was diese Leiden bedeuteten; aber es war noch viel wichtiger, dass Er als Mensch wusste, für was Er als Mensch zu leiden hatte und das Handeln des Christus, indem Er den Kelch nahm, war das Handeln des Christus als Gottmensch. Aber der Mensch Christus Jesus hatte bisher nie die Erfahrung von derartigen Leiden gemacht, die er am Kreuz zu ertragen hätte. Somit hätte Er im Voraus nicht genau wissen können, was sie bedeuteten, es sei denn, dass Ihm diese außergewöhnliche Vorausschau von ihnen gegeben und in Seine Gedanken eingeprägt wurde.

Wir haben von Folterungen gehört, die andere durchgemacht haben, aber wir wissen nicht ganz genau, wie sie waren, weil wir sie nicht erlebt haben. Es ist unmöglich, dass wir genau wissen, was sie erlebt haben, mit Ausnahme von zwei Möglichkeiten:

Entweder wir machen das Gleiche durch oder wir bekommen einen übernatürlichen Einblick, der sich tief in unsere Gedanken einprägt.

So eine Wahrnehmung wurde in den Geist des Menschen Christus Jesus im Garten Gethsemane eingeprägt und das verursachte Seinen Todeskampf. Als er den Zorn Gottes, den Er erleiden musste, direkt vor Augen hatte, erdrückte Ihn dieser Anblick. Es betrübte Seine Seele, sogar bis zum Tod. Christus würde in einen schrecklichen Ofen des Zornes geworfen werden, und es wäre nicht richtig gewesen, wenn Er sich selbst blindlings hineingestürzt hätte, ohne zu wissen, wie schrecklich dieser Ofen tatsächlich war.

Aus diesem Grund, damit Er wusste, was in dem Kelch war, brachte Gott Ihn zunächst an die Öffnung des Ofens, so dass Er hineinschauen, dort stehen und dabei die wilden und wütenden Flammen anschauen und sehen konnte, wohin Er gehen würde, und dass Er freiwillig hineingehen konnte, um es für die Sünder zu ertragen.

Diese Sicht hatte Christus in Seinem Todeskampf.

Dann brachte Gott den Kelch, den Er zu trinken hatte, stellte ihn vor Ihn hin, damit er ihn deutlich sehen konnte, und Er sah nun, was Er bereits zuvor gesehen hatte, nahm ihn und trank ihn. Wenn Christus nicht genau gewusst hätte, wie schrecklich diese Leiden wären, bevor Er sie auf Sich nahm, dann wäre Sein Auf-Sich-Nehmen der Leiden nicht seine eigene Entscheidung als Mensch gewesen.

Wenn Er den Kelch nicht gekannt hätte, dann wäre es keine klare Entscheidung Seines Willens gewesen. Es wäre keine echte Prüfung gewesen, die gezeigt hätte, ob Er bereit war, diese schrecklichen Leiden zu erdulden, wenn Ihm nicht vorher bekannt gewesen wäre, wie furchtbar sie waren. Aber nachdem Er solch eine außergewöhnliche Vorausschau von ihnen bekommen hatte und sich dann entschied, diese Leiden zu ertragen, handelte Er in vollem Bewusstsein dessen, was Er tragen würde.

Daraus folgt, indem Er den Kelch nahm und die schrecklichen Leiden ertrug, dass es eine Handlung war, zu der Er sich selbst entschieden hatte. Durch Seine freie Entscheidung wird deutlich, dass Seine Liebe für Sünder unermesslich groß ist. Es zeigte auch Seinen Gehorsam gegenüber Gott. Es war wichtig, dass Christus diese außergewöhnliche Sicht von dem Kelch hatte, kurz bevor Er verhaftet wurde. Das war genau der richtige Zeitpunkt; kurz bevor Er den Kelch nahm, hatte Er noch die Gelegenheit, ihn abzulehnen.

Wenn nicht die menschliche Natur des Christus im Voraus eine außergewöhnliche Sicht bekommen hätte von dem, was Er erdulden müsste, hätte Er, als Mensch, im Voraus nicht genau wissen können, welche Leiden auf Ihn zukamen. Darum konnte Er, als Mensch, nicht wissen, was Er tun würde, wenn Er den Kelch trinken würde.

Wenn Christus sich selbst in diese schrecklichen Leiden gestürzt hätte, ohne sich im Vornhinein dieser Bitterkeit und Schrecklichkeit bewusst zu sein, dann hätte Er nicht gewusst, was Er tat. Christus, als Gott, wusste genau, was diese Leiden bedeuteten. Aber als Mensch hätte Er sich selbst, wegen Seiner Unwissenheit, ins Leiden gestürzt und hätte blindlings gehandelt; und natürlich wäre das Auf-Sich-Nehmen dieser Leiden nicht vollständig Seine eigene Tat gewesen.

Anwendung

Daraus können wir erkennen, wie schrecklich die letzten Leiden Christi waren. Wir erkennen es aus der schrecklichen Wirkung, die die reine Vorausschau während Seines Todeskampfes auf Ihn hatte. Seine letzten Leiden waren so schrecklich, dass die Vorausschau, die Christus von ihnen hatte, Ihn überwältigte und in Bestürzung versetzte. Wie es heißt, war Er äußerst bestürzt. Der bloße Anblick von diesen letzten Leiden war so schrecklich, dass Seine Seele in den dunklen Schatten des Todes versank. Er war so schrecklich, dass der schmerzhafte Konflikt dazu führte, dass Sein Körper Blut schwitzte. Sein Körper war bedeckt mit geronnenem Blut, das durch die Heftigkeit Seiner Todesqualen durch die Poren gepresst worden war. Nicht nur Sein ganzer Körper, sondern auch der Boden unter Ihm war mit Seinem Blut bedeckt.

Wenn die Vorausschau auf den Kelch schon so schrecklich war, wie schrecklich muss der Kelch tatsächlich gewesen sein. Es ging weit über das hinaus, was man sich denken und vorstellen kann.

Viele Märtyrer haben extreme Folterungen erlitten, aber von dem, was berichtet wurde, gibt es Grund zu glauben, dass diese Leiden nichts waren im Vergleich zu den letzten Leiden Christi am Kreuz. Aus dem Gesagten folgt, dass es klar ist, dass die Leiden, die Christus an Seinem Leib am Kreuz ertrug, obwohl sie entsetzlich waren, doch der kleinste Teil Seiner letzten Leiden waren. Er ertrug seelische Leiden, die weitaus größer waren als Seine körperlichen. Denn wenn Er nur körperliche Leiden zu ertragen gehabt hätte, auch wenn sie sehr schrecklich waren, können wir nicht begreifen, dass die bloße Erwartung von ihnen solch eine Wirkung auf Christus hatte.

Viele Märtyrer haben schwere körperliche Folterungen erlebt wie Christus. Viele Märtyrer wurden wie Christus gekreuzigt und doch wurden ihre Seelen nicht so überwältigt. Es gab keine Anzeichen für so eine Betrübnis und Verzweiflung, weder in der Vorahnung ihrer Leiden noch in den tatsächlich erlebten.

Aus dem, was gesagt wurde, können wir die wunderbare Kraft der Liebe Christi für die Sünder sehen, die sich auf zweierlei Weise zeigt:

1. Seine Liebe war so stark, dass sie Ihn durch den Todeskampf, in dem Er sich befand, hindurchtrug. Die Leiden, denen Er jetzt ausgeliefert war, waren unglaublich schrecklich; und wie wunderbar war Seine Liebe, die noch anhielt und die auch weiterhin aufrechterhalten wurde. Die Liebe von einem bloßen Menschen oder Engel würde zweifellos unter einem derartigen Gewicht zerbrechen und hätte niemals so einen Konflikt mit blutigem Schweiß, wie der von Jesus Christus, ausgehalten. Die Qualen der Seele Christi waren so stark, dass sie diese Auswirkungen auf Seinen Körper hatten.

   Aber die Liebe zu Seinen Feinden, arm und unwürdig wie sie waren, war noch stärker. Christi Herz war zu dieser Zeit voller Verzweiflung, aber seine Liebe für die niederträchtigen Menschen war viel stärker. Leid hatte er im Überfluss, aber Seine Liebe war noch reichlicher. Christi Seele war zutiefst betrübt, aber in Seinem Herzen war eine solch tiefe Liebe für die Sünder, das sie ausreichte, um die Welt zu überfluten und ihre höchsten Sündenberge zu überwinden. Die großen Blutstropfen, die auf den Boden fielen, waren eine Manifestation von einem Ozean der Liebe im Herzen Christi.

2. Die Stärke der Liebe Christi zeigte sich ganz besonders darin, dass Er, sobald Er das Entsetzliche des Kelches, den Er trinken sollte, vor Augen hatte und der Ihn so in Bestürzung versetzte, ihn trotzdem nehmen und trinken würde. Das scheint die größte und eigenartigste Prüfung der Stärke der Liebe Christi zu sein – als Gott Ihm den bitteren Teil vorgesetzt hatte, um Ihm zu zeigen, was Er trinken müsste – dass Er an Seiner Liebe zu den Sündern festhielt. Er brachte ihn zu der Öffnung des Ofens, damit Er die Heftigkeit sehen könnte. Dann gab Er Ihm Zeit, sich zu überlegen, ob Er bereit war, für solche unwürdigen Geschöpfe in den Flammen des Ofens zu leiden.

Es war, wie wenn Er zu Ihm gesagt hätte: „Hier ist der Kelch, den du zu trinken hast, es sei denn, du gibst dein Vorhaben für die Sünder auf und lässt sie zugrunde gehen, so wie sie es verdient haben. Willst du diesen Kelch nehmen und für sie austrinken oder nicht? Dort ist der Ofen, in den du geworfen wirst, um sie zu retten. Entweder müssen sie sterben oder du musst dies für sie erleiden. Du siehst dort, wie schrecklich die Hitze des Ofens ist. Du siehst, welche Schmerzen und Qualen du morgen zu ertragen hast, es sei denn, du gibst die Sache mit den Sündern auf. Was willst du tun? Ist deine Liebe so stark, dass du gehen wirst? Wirst du dich freiwillig in diesen schrecklichen Ofen des Zornes hineinwerfen?"

Christi Seele wurde von diesem Gedanken überwältigt. Seine schwache menschliche Natur zog sich bei dem trostlosen Anblick zurück. Es versetzte Ihn in diesen schrecklichen Todeskampf, wie bereits beschrieben, aber Seine Liebe für die Sünder hielt dem stand. Christus würde sich nicht unnötig diesen Leiden unterziehen, wenn Sünder ohne Sein Werk gerettet werden könnten. Er wünschte sich, dass dieser Kelch an

Ihm vorübergehen würde, wäre da nicht die absolute Notwendigkeit für ihre Errettung gewesen. Aber wenn die Sünder, denen Seine Liebe galt, nicht ohne Sein Austrinken des Kelches gerettet werden konnten, dann entschied Er sich dafür, dass der Wille Gottes geschehen sollte.

Er entschied sich zu gehen und das Leid zu ertragen; es war schrecklich, als es auf Ihn zukam. Und dies war Sein letzter Entschluss nach dem düsteren Konflikt in seiner armen, schwachen, menschlichen Natur, während Er den Kelch mindestens eine Stunde lang betrachtet und erkannt hatte, wie außergewöhnlich er war.

Schließlich entschied Er sich, dass Er es ertragen würde, statt diese armen Sünder, die er seit Ewigkeiten geliebt hatte, verloren gehen zu lassen. Als der schreckliche Kelch vor Ihm stand, sagte Er nicht zu sich selbst: „Warum sollte ich, eine so große und herrliche Person, unendlich ehrenwerter als alle Engel des Himmels, warum sollte ich gehen und mich in solche schrecklichen Folterungen stürzen für wertlose, niederträchtige Menschen, die für Gott oder mich völlig nutzlos sind? Sie verdienen es, von mir gehasst und nicht geliebt zu werden. Warum sollte ich, der sich von Ewigkeit her der Liebe des Vaters erfreuen durfte, gehen, um mich in so einen Ofen zu werfen, ohne dass sie mir das jemals vergelten könnten? Warum sollte ich einwilligen, mich von dem Gewicht des göttlichen Zorns zerschmettern zu lassen, um derer willen, die mich nicht lieben und meine Feinde sind? Sie verdienen nicht die Gemeinschaft mit mir, sie hatten sie nie und sie werden niemals die Nähe zu mir suchen. Soll ich der Reichere sein, weil ich eine Reihe von elenden Hassern von Gott und mir gerettet habe, die für ihre Zerstörung eigentlich göttliches Gericht verdient haben?" Dies jedoch war nicht die Sprache des Herzens Christi in diesen

Umständen; im Gegenteil, Seine Liebe hielt durch und Er beschloss, auch mitten in Seinem Todeskampf, sich dem Willen Gottes unterzuordnen, den Kelch zu nehmen und ihn zu trinken.

Er wollte nicht fliehen, um Judas und denen, die bei Ihm waren, zu entkommen, obwohl Er wusste, dass sie kamen; aber in jener Stunde lieferte Er sich ihnen freiwillig aus. Als sie mit Schwertern und Stöcken kamen, um Ihn festzunehmen, hätte Er Seinen Vater anrufen können, der sofort viele Legionen Engel gesandt hätte, um Seine Feinde abzuwehren und Ihn zu retten, aber Er tat es nicht. Und wenn Seine Jünger Widerstand geleistet hätten, dann hätte Er es ihnen nicht gestattet, wie man in Matthäus 26,51-56 sehen kann:

„Und siehe, einer von denen, die mit Jesus waren, streckte die Hand aus, zog sein Schwert und schlug den Knecht des Hohenpriesters und hieb ihm das Ohr ab. Da spricht Jesus zu ihm: Stecke dein Schwert wieder an seinen Ort! Denn alle, die das Schwert nehmen, werden durchs Schwert umkommen. Oder meinst du, dass ich nicht meinen Vater bitten könne und Er mir jetzt mehr als zwölf Legionen Engel stellen werde? Wie sollten denn die Schriften erfüllt werden, dass es so geschehen muss? In jener Stunde sprach Jesus zu den Volksmengen: Seid ihr ausgezogen wie gegen einen Räuber mit Schwertern und Stöcken, mich zu fangen? Täglich saß ich bei euch im Tempel und lehrte, und ihr habt mich nicht gegriffen. Aber dies alles ist geschehen, damit die Schriften der Propheten erfüllt werden. "

Und anstatt sich vor Judas und den Soldaten zu verstecken, fragte Er sie, ob Er die Person sei, die sie suchten. Als sie noch etwas zu zögern schienen, wurden sie von Schrecken ergriffen, und Er fragte sie noch einmal und übergab sich in ihre Hände und sie banden Ihn.

Dies war, nachdem er ihnen gezeigt hatte, dass Er sich leicht hätte wehren können, wenn Er es gewollt hätte, denn als ein einziges Wort von Ihm gesprochen wurde, sind sie zu Boden gefallen, wie wir in Johannes 18,3-6 sehen können:

„Als nun Judas die Schar und von den Hohenpriestern und Pharisäern Diener genommen hatte, kommt er dahin mit Leuchten und Fackeln und Waffen. Jesus nun, der alles wusste, was über Ihn kommen würde, ging hinaus und sprach zu ihnen: Wen sucht ihr? Sie antworteten ihm: Jesus, den Nazoräer. Er sprach zu ihnen: Ich bin es. Als er nun zu ihnen sagte: Ich bin es, wichen sie zurück und fielen zu Boden. "

So kraftvoll, beständig und gewaltig war die Liebe Christi; und die besondere Prüfung Seiner Liebe, die größer war als alle anderen Prüfungen in Seinem ganzen Leben, scheint in der Zeit Seines Todeskampfes gewesen zu sein. Denn obwohl Seine Leiden später größer waren, als Er am Kreuz hing, sah Er doch in der Zeit Seines Todeskampfes sehr deutlich, was dies für Leiden sein würden. Das scheint das erste Mal zu sein, dass Jesus Christus einen klaren Blick auf diese Leiden gehabt hatte. Danach war die Prüfung nicht so groß, weil der Konflikt vorüber war.

Seine menschliche Natur hatte gegen Seine Liebe für die Sünder gekämpft, aber Seine Liebe hatte gesiegt. Mit voller Sicht auf Seine Leiden war es bereits entschieden und beschlossen und dementsprechend, als der Augenblick kam, ging Er durch diese Leiden hindurch.

Aber es gibt zwei Dinge in dem Todeskampf Christi, die die Stärke und Beständigkeit Seiner Liebe zum Sünder noch mehr verdeutlichen.

Zur gleichen Zeit, in der Er solch eine Vorausschau auf die Schrecklichkeit Seiner Leiden hatte, hatte Er auch eine außergewöhnliche Sicht auf die Gehässigkeiten und Bosheiten derer, für die diese Leiden bestimmt waren, um für sie Buße zu tun.

Die Liebe Christi war erstaunlich, weil Er bereit war, die Leiden zu ertragen, die so groß waren. Aber es war genauso erstaunlich, weil Er bereit war, sie zu ertragen, um Buße für die Bosheit zu tun, die so groß war. Dies war erstaunlich, weil Er, während Seines Todeskampfes, eine außerordentliche Wahrnehmung von der Größe dieser Leiden hatte, bevor Er sie erlitt.

Gleichzeitig hatte Er eine außerordentliche Wahrnehmung davon, wie groß und hasserfüllt die Sündhaftigkeit und Unwürdigkeit der Menschen war, für die Er litt, um Buße zu tun. Diese beiden Wahrnehmungen hatte Er gleichzeitig. Als Christus dieses außergewöhnliche Gespür von der Bitterkeit des Kelches hatte, musste Er sich bewusst machen, wie unwürdig und hasserfüllt die Menschheit in ihrer Sündhaftigkeit war, für die Er litt. Die hasserfüllte und bösartige Natur dieser Verdorbenheit trat niemals deutlicher in Erscheinung als in der Boshaftigkeit und Grausamkeit der Menschen in diesen Leiden; und doch war Seine Liebe so groß, dass Er ungeachtet dessen hinging, um für sie, die voll hasserfüllter Verdorbenheit waren, zu leiden.

Es war die Verdorbenheit und Ungerechtigkeit der Menschen, die Seinen Tod bewirkten. Es war die Sündhaftigkeit der Menschen, die mit Judas übereinstimmte. Es war die Bosheit der Menschen, die Ihn verriet und Ihn festnahm und Ihn band und Ihn abführte wie einen Übeltäter. Es war die Verdorbenheit und Bosheit der Menschen, dass Er angeklagt, fälschlich beschuldigt und ungerecht verurteilt wurde.

Es war die Bosheit der Menschen, dass Er geschmäht, verspottet, geschlagen und bespuckt wurde. Es war die Sündhaftigkeit der Menschen, dass Barabbas Ihm vorgezogen wurde. Es war die Boshaftigkeit der Menschen, die das Kreuz auf Ihn legte, damit Er es tragen musste, und die Ihn daran festnagelte und Ihn auf so grausame und schändliche Weise zu Tode brachte. Dies führte dazu, dass Christus ein besonderes Gespür für die Größe und Gehässigkeit der Verdorbenheit der Menschheit bekam.

Diese Schlechtigkeit hatte Er in Seiner Leidenszeit unverhüllt vor Augen. Als sie Christus tötete, wurde ihr wahres Wesen für Ihn sichtbar.

Hier sah Christus sie in ihrer wahren Natur, welche die des äußersten Hasses und der Verachtung Gottes war; deren oberstes Ziel und deren Wunsch es war, Gott zu töten; dies endete in dem höchsten Akt, nämlich die Person, die Gott war, zu töten.

In diesen Leiden spürte Christus die Auswirkungen dieser Bosheit. Sie richtete sich direkt gegen Ihn und übte Schmach und Pein auf Ihn aus. Aber noch zur gleichen Zeit war die Liebe Christi für diejenigen, die diese hasserfüllte Verdorbenheit zur Schau stellten, so wunderbar, dass Er diese schrecklichen Leiden erduldete, um sie von der Strafe für diese Verdorbenheit zu erlösen.

Das Wunderbare an der Liebe Christi, die Er durch Seinen Tod bewies, wird dadurch sichtbar, dass Er sowohl für diejenigen starb, die so unwürdig waren, als auch für diejenigen, die nicht nur böse waren, sondern sogar Seine Feinde.

Er starb nicht nur für die Gottlosen, sondern auch für Seine eigenen Feinde. Er war bereit, für Seine Feinde zu sterben, während Er gleichzeitig die Auswirkungen ihrer Feindschaft spürte. Er spürte die größte Auswirkung ihrer Boshaftigkeit gegen Ihn durch ihre größtmögliche Verachtung und Grausamkeit während Seiner größten Schmach, Seiner Qualen und Seines Todes.

In diesen unsagbaren Leiden war Er dazu bereit, dafür zu sühnen, dass sie Seine Feinde waren. Die Sünde und Bosheit der Menschen, für die Christus gelitten hat, um dafür Buße zu tun, hatte Christus davor zu Gesicht bekommen.

Diese Bosheit aber war nur ein Beispiel von der Schlechtigkeit der Menschen, weil die Schlechtigkeit der gesamten Menschheit von derselben Natur ist, und die Bosheit, die im Herzen eines Menschen ist, ist von derselben Natur und Neigung wie in den Herzen anderer Menschen. Wie sich das Gesicht im Wasser spiegelt, so spiegelt auch das Herz des Menschen den Menschen. Es ist auch wahrscheinlich, dass Christus starb, um für die betreffende Person zu sühnen, die Ihn wirklich geschmäht, verspottet, geschlagen und gekreuzigt hat. Während Er gekreuzigt wurde, betete Er um Vergebung für diejenigen, die Ihn kreuzigten. Sie wurden später, als Antwort auf Sein Gebet, durch die Predigt des Petrus verändert, wie im zweiten Kapitel der Apostelgeschichte berichtet wird.

Ein anderer Umstand während Seines Todeskampfes, der die Stärke Seiner Liebe ausdrückt, ist die undankbare Haltung Seiner Jünger in diesem Moment.

Die Jünger Christi gehörten zu denen, für die Er diesen Todeskampf austrug, und sie gehörten zu denen, für die Er diese letzten Leiden ertrug, vor denen Er nun solche schrecklichen Ängste hatte. Doch Christus hatte ihnen bereits einen Anteil an dem Nutzen dieser Leiden gegeben. Ihre Sünden waren ihnen bereits vergeben worden durch das Blut, dass Er vergießen würde. Sie waren bereits ewige Gewinner durch dieses Sterben in Erbarmen und Liebe, das Er für sie hatte. Christus hatte größere Ehre auf sie gelegt als auf alle anderen, indem Er sie zu Seinen Jüngern machte. Und doch, jetzt, wo Er diesen schrecklichen Kelch vor sich hatte, den Er für sie trinken würde und durch dessen Anblick Er sich in solch einem Todeskampf befand, sah Er keine Reaktion von ihrer Seite außer Gleichgültigkeit und Undankbarkeit.

Als Er sich nur wünschte, dass sie mit Ihm wachen sollten, damit Er in ihrer Gemeinschaft getröstet werden könnte, fielen sie in diesem traurigen Moment in den Schlaf. Sie hatten nicht genügend Anteilnahme, die sie dazu gebracht hätte, auch nur eine Stunde mit Ihm zu wachen, obwohl Er es sich immer wieder von ihnen gewünscht hatte.

Dennoch entmutigte Ihn dieses undankbare Verhalten von ihnen nicht, sondern er war bereit, für sie den Kelch des Zornes Gottes, der vor Ihm stand, zu nehmen und zu trinken. Seine Liebe zu ihnen hielt an; nachdem Er die Seinen geliebt hatte, liebte Er sie bis zu Seinem Ende.

Als der Taumelbecher vor Ihm stand, sagte Er nicht zu sich selbst: „Warum sollte ich so viel für diejenigen ertragen, die so undankbar sind? Warum sollte ich hier mit der Erwartung des furchtbaren Zornes Gottes ringen, den ich morgen für sie zu ertragen habe, dafür, dass sie in der Zwischenzeit nicht um mich besorgt waren, um mit mir eine Stunde zu wachen, wie ich es mir von ihnen gewünscht habe?" Im Gegenteil!

Er hat mit zärtlicher und väterlicher Barmherzigkeit diese Undankbarkeit von Seinen Jüngern entschuldigt und sagt in Matthäus 26,41: *„Wacht und betet, damit ihr nicht in*

Versuchung kommt! Der Geist zwar ist willig, das Fleisch aber schwach.".

Dann wurde Er festgenommen, verspottet, gegeißelt, gekreuzigt; und unter dem schweren Gewicht des schrecklichen Zornes Gottes am Kreuz gab Er Sein Leben hin – und dies alles aus Liebe.

3. Von dem Gesagten können wir lernen, wie sich Christus auf wunderbare Weise dem Willen Gottes untergeordnet hat. Als Christus eine göttliche Person war, war Er der absolute Herrscher über Himmel und Erde, aber jetzt zeigte Er die wunderbarste Unterordnung unter Gottes Souveränität, die es jemals gab. Er hatte solch einen tiefen Einblick in die Schrecklichkeit Seiner letzten Leiden, dass Er betete, wenn es nicht absolut notwendig wäre für die Errettung der Sünder, dass dieser Kelch an Ihm vorübergehen möge. Dennoch ordnete Er sich vollkommen dem Willen Gottes unter. Er fügte hinzu: *„Doch nicht mein, sondern dein Wille geschehe."*
Er entschied vielmehr, der Neigung Seiner menschlichen Natur vor den so gefürchteten, heftigen Qualen keinen Raum zu geben, sondern Gottes Willen geschehen zu lassen.

Er freute sich bei dem Gedanken, dass Gottes Wille geschehen wird, und als Er ging und das zweite Mal betete, hatte Er nichts anderes zu sagen als: *„Mein Vater, wenn dieser Kelch nicht vorübergehen kann, ohne dass ich Ihn trinke, so geschehe dein Wille."* Und genauso betete Er beim dritten Mal.

Was sind unsere Versuche der Unterordnung, wenn wir in Bedrängnis sind und leiden, im Vergleich zu diesen?

Wenn Gott in Seiner Vorsehung andeutet, dass es Sein Wille sei, dass wir ein Kind hergeben sollten, wie schwer wäre es für uns, nachzugeben, und wie schnell wären wir bereit, ungehorsam und fordernd zu sein! Oder wenn Gott Seine Hand auf uns legt und wir irgendeinen akuten körperlichen Schmerz haben, wie schnell sind wir unzufrieden und ungeduldig?

Der unschuldige Sohn Gottes jedoch nahm widerspruchslos die unvorstellbar großen Leiden an und sagte es immer und immer wieder: *„Gottes Wille geschehe!"* Er wurde zu diesem schrecklichen Ofen des Zorns gebracht, in den Er hineingeworfen werden sollte, damit Er hineinschauen und die Heftigkeit in vollem Ausmaß sehen konnte. Sein Fleisch schreckte davor zurück und Seine Natur geriet in solch einen großen Konflikt, dass Sein Körper bedeckt war mit blutigem Schweiß, der in großen Tropfen auf den Boden fiel. Doch Seine Seele ergab sich ruhig, damit der Wille Gottes geschehen sollte und nicht der Wille Seiner menschlichen Natur.

4. Was zu diesem Thema gesagt wurde, zeigt uns auch die Herrlichkeit des Gehorsams Christi. Christus war unter dem moralischen Gesetz wie Adam. Er war auch unter dem Gesetz des Mose. Aber das höchste Gebot, das Er vom Vater erhalten hatte, war, dass Er sein Leben hingeben und freiwillig diese schrecklichen Leiden am Kreuz auf sich nehmen sollte.
Dies zu tun war Sein bedeutendster Auftrag in der Welt; und zweifellos betraf das wichtigste Gebot, das Er erhielt, diesen wichtigsten Auftrag, für den Er gesandt worden war. Als der Vater Ihn in die Welt sandte, gab Er Ihm Gebote mit, die Er in der Welt erfüllen sollte.
Das allerwichtigste Gebot, das über allen anderen stand, war, Sein Leben hinzugeben. Deshalb war dieses Gebot die

bedeutendste Prüfung Seines Gehorsams. Es war die größte Prüfung Seines Gehorsams, denn es war mit Abstand das schwierigste Gebot. Alle übrigen waren im Vergleich dazu einfach.

Die bedeutendste Prüfung, die Christus hatte, war, ob Er diesem Gebot gehorchen würde; und das war in der Zeit Seines Todeskampfes; denn innerhalb einer Stunde, bevor Er festgenommen wurde, musste Er sich entscheiden, entweder Seine Leiden auf sich zu nehmen oder vor ihnen zu fliehen. Dies war das erste Mal, dass Christus eine vollständige Vorausschau auf die Schwierigkeit dieses Gebotes hatte; sie erschien Ihm so groß, dass sie blutigen Schweiß verursachte.

Dann kamen der Konflikt mit der schwachen menschlichen Natur, die schmerzhaften Kämpfe und das Ringen in der schweren Prüfung, der Er ausgesetzt war, und schließlich besiegte Christus die Furcht Seiner menschlichen Natur. Sein Gehorsam stand über dem Konflikt.

Danach dürfen wir annehmen, dass Satan losgelassen wurde, um besonders Seine menschliche Natur mit Peinigungen anzugreifen und Sein Möglichstes zu tun, um Christus davon abzubringen, diesen bitteren Kelch zu trinken. In dieser Zeit, in dem sich das Leben Christi dem Ende näherte, wurde Er in die Hände Satans übergeben, damit er Ihn versuchen konnte. Diese Versuchung war stärker als die unmittelbar nach Seiner Taufe, denn Christus spricht von dieser Zeit in Lukas 22,53: *„Als ich täglich bei euch im Tempel war, habt ihr die Hände nicht gegen mich ausgestreckt; aber dies ist eure Stunde und die Macht der Finsternis.“*

Also hatte Christus in der Zeit Seines Todeskampfes nicht nur mit der erdrückenden Vorausschau auf Seine letzten Leiden zu kämpfen, sondern, in diesem blutigen Schweiß, auch mit Mächten und Gewalten – Er stritt damals mit dem großen Leviathan, der sein Äußerstes gab, um Ihn zum Ungehorsam zu verleiten.

Christus wurde allen möglichen Versuchungen ausgesetzt, die Ihn vom Gehorsam gegenüber Gott abbringen sollten. Er wurde in Versuchung geführt von Seiner schwachen menschlichen Natur, die solche Qualen überaus fürchtete. Er wurde in Versuchung geführt von Menschen, die Seine Feinde waren; Er wurde in Versuchung geführt durch die undankbare Haltung Seiner Jünger und Er wurde in Versuchung geführt durch den Teufel.

Er war auch einer erdrückenden Prüfung ausgesetzt durch die Manifestation des eigenen Zornes Gottes, als, nach den Worten des Propheten Jesaja, es dem Herrn gefiel, Ihn zu zerschlagen und Ihn leiden zu lassen. Dennoch scheiterte er nicht, sondern errang den Sieg über alles und führte Gottes Anweisung des Gehorsams aus.

Obwohl sich Gott vor Ihm verbarg und Ihm Seinen Zorn wegen der Sünden der Menschheit zeigte, den Er gerade dabei war zu erdulden, konnte Ihn nichts von Seinem unerschütterlichen Gehorsam Gott gegenüber abbringen. Er beharrte darauf zu sagen: *„Dein Wille geschehe."*, welches nicht nur Seine Unterordnung ausdrückt, sondern Seinen Gehorsam; nicht nur Seine Übereinstimmung mit dem angeordneten Willen Gottes, sondern auch mit Seinem einfühlsamen Willen.

Gott hatte Ihm diesen Kelch zu trinken gegeben und Ihm geboten, ihn zu trinken, und das war Grund genug für Ihn, ihn zu trinken. Daher sagt Er am Ende Seines Todeskampfes, als

Judas mit seinem Trupp ankam: *„Den Kelch, den mir der Vater gegeben hat, soll ich den nicht trinken?"* (Johannes 18,11).

Christus hatte in der Zeit Seines Todeskampfes eine unvorstellbar größere Prüfung des Gehorsams durchzustehen als es ein Mensch oder ein Engel jemals hatte. Wie viel größer war diese Prüfung des Gehorsams des zweiten Adams als die Prüfung des Gehorsams des ersten Adams!

Wie leicht war die Versuchung unseres ersten Vaters im Vergleich dazu! Und doch ist unser erster Adam gescheitert, aber unser zweiter Adam scheiterte nicht, sondern erlangte einen glorreichen Sieg. Er ging hin und war gehorsam bis zum Tod, ja zum Tod am Kreuz.

So wunderbar und herrlich war der Gehorsam Christi, durch den Er für die Gläubigen Gerechtigkeit erwirkte und nun wird der Gehorsam ihnen zugerechnet. Kein Wunder, dass Gott bereit ist, den Himmel allen als Belohnung zu schenken, die an Ihn glauben.

Was gesagt wurde, zeigt uns die Dummheit von Sündern, die sich sicher fühlen und sich über den Zorn Gottes keine Gedanken machen. Wenn der Zorn Gottes so schrecklich war, dass Christus in Seiner menschlichen Natur beinahe von der Furcht überwältigt wurde, Seine Seele entsetzt und Sein Leib bedeckt war mit blutigem Schweiß, wie dumm sind Sünder, die von demselben drohenden Zorn Gottes verurteilt und Ihm ausgesetzt sind?

Anstatt dass sie darüber große Besorgnis zeigen, sind sie ruhig, unbefangen und unbekümmert. Anstatt dass sie traurig sind und bedrückt, übergehen sie es mit einem unbeschwerten und sorglosen Herzen. Statt in bitterer Qual zu weinen, sind sie oft vergnügt und fröhlich. Sie essen und trinken, schlafen ruhig, verharren in der Sünde, provozieren den Zorn Gottes mehr und mehr, ohne sich irgendwelche Sorgen zu machen! Wie dumm und unvernünftig sind diese Leute! Diese unvernünftigen Sünder sollten bedenken, dass das Elend, das ihnen durch den Zorn Gottes gefährlich nahe ist, unendlich viel schrecklicher ist als die Angst, die in Christus, während Seines Todeskampfes, blutigen Schweiß ausbrechen ließ.

Es ist viel schlimmer, da sich beides sowohl in ihrer Art und Weise und in ihrem Ausmaß als auch in der Dauer unterscheidet. Es ist schrecklicher in ihrer Art und Weise und in ihrem Ausmaß.

Was Christus gelitten hat, ehrte das göttliche Gesetz und entsprach völlig dem Elend der Verlorenen. In mancherlei Hinsicht war es das gleiche Leiden, denn es war der Zorn desselben Gottes. Ansonsten gab es einen erheblichen Unterschied. Der Unterschied liegt nicht in der Unterschiedlichkeit des Zornes, der auf den einen oder anderen ausgegossen wird, denn es ist derselbe Zorn, sondern er liegt in der Unterschiedlichkeit der Sache, die am besten veranschaulicht werden kann durch den Vergleich, den Christus selbst machte (Lukas 23,31).

„Denn wenn man dies tut am grünen Holz, was wird an dem dürren geschehen?" Hier nennt Er sich selbst das grüne Holz und sündhafte Menschen das dürre, und deutet damit an, dass das Elend, das auf böse Menschen kommen wird, weit schrecklicher sein wird als jene Leiden, die über Ihn kamen, und der Unterschied sich aus der unterschiedlichen Beschaffenheit des Holzes ergibt.

Sowohl das grüne als auch das trockene Holz werden ins Feuer geworfen; aber die Flammen ergreifen das trockene Holz viel heftiger als das grüne. Die Leiden, die Christus erduldete, unterscheiden sich von dem Elend der Gottlosen in der Hölle in ihrer Art und Weise und im Umfang in den folgenden Punkten:

1. Christus spürte nicht das Nagen eines schuldigen und verdammenden Gewissens.

2. Er empfand keine Qualen durch die herrschende innere Verdorbenheit und die Begierden wie die Verlorenen. Die Gottlosen in der Hölle sind ihre eigenen Peiniger, und weil sie keinerlei Hemmungen haben (denn es gibt keine Gnadenfrist in der Hölle), werden die Begierden in ihren Herzen toben wie wütende Flammen. Sie werden mit hemmungsloser Gewalt gequält werden von einem Geist des Neides und der Bosheit gegen Gott und gegen die Engel und Heiligen im Himmel und gegeneinander. Christus dagegen hat nichts davon erlitten.

3. Christus musste sich keine Gedanken darüber machen, ob Gott Ihn hasst. Die Gottlosen in der Hölle müssen es, weil sie wissen, dass Gott sie vollkommen hasst, ohne das geringste Mitleid mit ihnen zu haben oder auf sie zu schauen, und deshalb werden ihre Seelen von einem unbeschreiblichen Elend erfüllt. Aber bei Christus war es nicht so.

Gott zog Seine tröstende Gegenwart von Christus weg und verbarg Sein Gesicht vor Ihm, als Er Seinen Zorn über Ihm ausgoss, deren schreckliche Auswirkungen Christus in Seiner Seele spürte. Doch wusste Er zugleich, dass Gott Ihn nicht hasste, sondern unendlich liebte. Er rief aus, von Gott verlassen zu sein, aber zur gleichen Zeit rief Er: „Mein Gott, mein Gott!", weil Er wusste, dass Gott immer noch da war, obwohl Er Ihn verlassen hatte. Aber die Gottlosen in der

Hölle wissen, dass er nicht ihr Gott ist, sondern ihr Richter und unversöhnlicher Feind.

4. Christus litt nicht aus Verzweiflung, wie die Gottlosen in der Hölle es tun. Er wusste, dass Seine Leiden in wenigen Stunden ein Ende haben würden und dass Er danach in die ewige Herrlichkeit eingehen würde. Aber es wird ganz anders sein mit denen, die verstockt sind. Wenn du in deinem jetzigen Zustand stirbst, wirst du völlig verzweifelt sein. Aus diesem Grund wird das Elend der Gottlosen in der Hölle ungemein schrecklicher sein in der Art und Weise und in dem Ausmaß, als die Leiden aufgrund der Ängste, von denen die Seele des Christus so sehr überwältigt wurde.

5. Es wird sich unendlich in der Dauer unterscheiden. Christi Leiden dauerten nur wenige Stunden, und es gab ein ewiges Ende für sie und sie erlangten ewigen Ruhm. Aber wenn du ein selbstsicherer, unvernünftiger Sünder bist, stehst du täglich in der Gefahr, in das ewige Elend geworfen zu werden, in ein Feuer, das nie gelöscht werden wird. Wenn schon der Sohn Gottes so etwas Schreckliches erdulden musste, in Erwartung dessen, was Er für ein paar Stunden zu leiden hätte, was glaubst du, was du erst leiden musst, der du auf ewig ungemein schrecklicheren Leiden ausgesetzt sein wirst, sowohl in ihrer Art und Weise als auch in ihrem Ausmaß? Diese Leiden werden ohne Ende sein und müssen pausenlos, Tag und Nacht, von Ewigkeit zu Ewigkeit ertragen werden! Wenn du völlig verstehen könntest, wie groß das Elend sein wird, in das du kommen wirst, und wie furchtbar dein gegenwärtiger Zustand ist, dann wäre das der Augenblick, dich in so einen schrecklichen Todeskampf zu begeben wie Christus. Wir sollten dich jetzt fallen sehen in blutigem Schweiß, dich in deinem geronnenen Blut wälzend und vor schrecklicher Angst aufschreiend.

II. Der Todeskampf in der Seele Christi

Nachdem ich versucht habe, einen der beiden Sätze zu erklären, die ich zu Beginn dieses Diskurses erwähnte, werde ich jetzt fortfahren, um zu zeigen, dass die Seele Christi während Seines Todeskampfes im Garten in einem großen und ernsten Kampf im Gebet vor Gott war.

Das Abmühen und das Kämpfen der Seele Christi im Gebet war ein Teil Seines Todeskampfes. Wir haben gezeigt, dass das Wort *„agony"* an anderen Stellen in der Heiligen Schrift für das Kämpfen oder Ringen im Gebet mit Gott verwendet wird. Aufgrund dieser Tatsache, und weil der Evangelist im selben Satz sowohl den Todeskampf Christi als auch Sein heftiges Ringen im Gebet zu Gott beschreibt, können wir gut verstehen, dass Sein Gebetskampf Teil Seines Todeskampfes war. Die Worte des Textes betonen besonders, dass Christus in Seinem Gebet mit dem Tode rang: *„Und er rang mit dem Tode und betete heftiger. Und sein Schweiß wurde wie Blutstropfen, die auf die Erde fielen."* (LÜ) Dies scheint auf die Heftigkeit hinzudeuten, mit der die Seele Christi im Gebet mit Gott gerungen hat, und dass Er solche Todesängste hatte, dass Er am ganzen Körper mit Schweiß und Blut bedeckt wurde.

Ich schlage jetzt vor, diesen zweiten Satz, den Teil von Christi Todeskampf, der in dem quälenden Ringen Seiner Seele im Gebet bestand, mit Hilfe Gottes zu erklären. Das ist eine besondere Untersuchung wert, weil es bisher kaum verstanden wurde. Das richtige Verständnis ist von großem Nutzen und hat auch theologische Auswirkungen.

Es wird üblicherweise nicht richtig verstanden, was gemeint ist, wenn es in dem Text heißt, dass Christus noch heftiger gebetet hat, oder was es bedeutete, dass Er mit Gott gerungen hat, oder was der Inhalt dieses inständigen Gebets war, oder was der Grund Seines inständigen Gebets zu diesem Zeitpunkt war. Um dies alles ganz klar zu verdeutlichen, möchte ich folgende Punkte genauer untersuchen:

1. Was war die Besonderheit dieses Gebets?
2. Was war der Inhalt dieses inständigen Gebets Christi vor dem Vater?
3. In welcher Funktion brachte Christus dieses Gebet zu Gott?
4. Warum betete er so inständig?
5. Was war das Ergebnis seines heftigen Ringens mit Gott im Gebet?

1. Die Besonderheit dieses Gebets Christi

Gebete zu Gott können ganz unterschiedlich sein. Einige sind persönliche Geständnisse oder Ausdruck der eigenen Unwürdigkeit vor Gott und somit Bußgebete. Andere sind Lobgesänge und Gebete, durch die die Person Gottes Größe und Herrlichkeit zum Ausdruck bringt. Dazu gehören viele der Psalmen Davids.

Andere sind Ausdruck des Dankes und Lobes für empfangene Barmherzigkeit. Andere sind demütige Gebete oder Ausdruck des Gehorsams und der Ergebenheit unter den Willen Gottes, bei denen man das Gebet an die Majestät des Himmels richtet, seinen eigenen Willen dem souveränen Willen Gottes unterordnet und sagt: *„Dein Wille, o Herr, geschehe!"* David sagt in 2. Samuel 15,26: *„Wenn Er aber so spricht: Ich habe keinen Gefallen an dir – hier bin ich, Er mag mit mir tun, wie es gut ist in Seinen Augen!"* Andere sind Gesuche oder Flehen, wobei die Person, die betet, zu Gott fleht und schreit, um von Ihm etwas Ersehntes zu empfangen.

Somit untersuchen wir nun, bezogen auf diesen Text: Welcher dieser Arten entsprach das Gebet Christi? Die Antwort lautet:

Es war vor allem flehend. Es war nicht Buße oder Beichte, denn Christus hatte keine Sünde und Unwürdigkeit zu bekennen.

Es war auch kein Lobgesang, keine Danksagung und kein Ausdruck des Gehorsams, denn keines von diesen stimmt mit dem überein, was im Text steht, nämlich, dass Er noch heftiger gebetet hat. Wenn man zu jemandem sagt, dass Er heftig beten soll, bedeutet dies eine inständige Bitte für den eigenen Vorteil oder für die Erfüllung eines Wunsches. Es ist nicht nur ein Bekenntnis oder ein Gehorsamsschritt.

Der Apostel sagt über dieses Gebet in Hebräer 5,7:

> *„Der hat in den Tagen Seines Fleisches sowohl Bitten als auch Flehen mit starkem Geschrei und Tränen dem dargebracht, der Ihn aus dem Tod erretten kann, und ist um seiner Gottesfurcht willen erhört worden."*

Dies zeigt, dass es eine Bitte war oder ein inständiges Flehen für ein tiefes Anliegen. „Flehen" und „lautes Schreien" sind keine Bekenntnisse, Lobgesänge oder Danksagungen. Sie sind Bitten für ein Anliegen, das inständig begehrt wird.

2. Der Inhalt des Gebets

Nachdem die erste Frage geklärt ist und sich gezeigt hat, dass dieses heftige Gebet Christi von der Art her eine Bitte für ein Anliegen war, das Christus sich inständig wünschte, komme ich nun zu der Frage: Was war der Inhalt dieses Flehens? Welches Anliegen war es, für das Er so inständig in Seinem Gebet flehte?

Der Text sagt darüber nichts aus. Es heißt nur: *„Und er rang mit dem Tode und betete heftiger."* (LÜ) Aber es wird nicht gesagt, wofür Er so heftig gebetet hat, und hier liegt die größte Schwierigkeit in diesem Bericht. Wonach hatte sich Christus so sehr gesehnt, dass Er zu diesem Zeitpunkt mit Gott gerungen hat? Und obwohl es nicht ausdrücklich im Text steht, gibt uns die Schrift dennoch Klarheit in diesem Punkt.

Um Fehler zu vermeiden, würde ich antworten, dass der Wunsch, um den Christus so inständig zu dieser Zeit gebetet hat, nicht war, dass der bittere Kelch, den Er zu trinken hatte, an Ihm vorübergehen sollte. Christus hatte zuvor schon dafür gebetet, wie es der diesem Text vorausgehende Vers sagt: *„Vater, wenn du willst, nimm diesen Kelch von mir! Doch nicht mein, sondern dein Wille geschehe!"* Direkt danach wird berichtet, dass Christus im Todeskampf war und noch heftiger gebetet hat.

Dieses zweite Gebet begann, nachdem der Engel Ihm vom Himmel erschienen war und Ihn gestärkt hatte, um den Kelch freudiger nehmen und trinken zu können. Die Evangelisten sagen uns, dass Christus, als Er in den Garten kam, anfing, betrübt und sehr beschwert zu werden, und dass Er sagte, dass Seine Seele überaus betrübt war, sogar bis zum Tode. Dies war der Zeitpunkt, als Er ging und zu Gott betete, dass, wenn es möglich wäre, der Kelch an Ihm vorübergehen sollte. Lukas sagt im 41. und 42. Vers:

„Und Er zog sich ungefähr einen Steinwurf weit von ihnen zurück und kniete nieder, betete und sprach: Vater, wenn du willst, nimm diesen Kelch von mir weg – doch nicht mein Wille, sondern der deine geschehe!"

Und direkt danach wird im folgenden Vers gesagt, dass Ihm ein Engel vom Himmel erschien und Ihn stärkte.

Das kann nicht anders zu verstehen sein, als dass der Engel Ihm erschien und Ihn stärkte und Ihn ermutigte, Seine große und schwierige Aufgabe durchzustehen, den Kelch zu nehmen und ihn zu trinken. Demzufolge müssen wir annehmen, dass Christus jetzt gestärkt und ermutigt war, diese Leiden durchzustehen, und deshalb können wir nicht annehmen, dass Er danach inständiger als zuvor dafür gebetet hat, von den Leiden befreit zu werden.

Es war also etwas anderes, wofür Christus nach dieser Stärkung des Engels inständiger betete, und nicht, dass der Kelch an Ihm vorübergehen sollte. Obwohl es so aussieht, als ob Christus nach der Stärkung durch den Engel eine tiefere Einsicht in Seine Leiden bekam, die diesen Todeskampf in Ihm verursachten, war Er doch sehr gestärkt worden, um eine noch größere Vorausschau von ihnen ertragen zu können. Er hatte mehr Kraft und Mut als vorher, um sich mit diesen schrecklichen Vorahnungen auseinanderzusetzen. Seine Kraft, Leiden zu ertragen, wuchs mit der Vorahnung von Seinen Leiden.

Zweitens hatte Er vor Seinem zweiten Gebet eine Vorahnung vom Vater bekommen, dass es nicht Sein Wille sei, dass der Kelch an Ihm vorübergehen sollte.

Dass der Engel vom Himmel kam, um Ihn zu stärken, lässt uns dies vermuten. Christus betete zuerst, dass, wenn es der Wille des Vaters wäre, der Kelch an Ihm vorübergehen solle, aber nicht, wenn es nicht Sein Wille wäre. Gott sandte sofort nach dem ersten Gebet einen Engel, um Ihn zu stärken und zu ermutigen, den Kelch zu nehmen.

Die eindeutige Schlussfolgerung für Christus war, dass es der Wille des Vaters sei, ihn zu nehmen, und dass er nicht an Ihm vorübergehen sollte. Und so nahm Christus ihn an, wie Matthäus in diesem zweiten Gebet berichtet: *„Wiederum zum zweiten Mal, ging Er hin und betete und sprach: Mein Vater, wenn dieser Kelch nicht vorübergehen kann, ohne dass ich ihn trinke, so geschehe dein Wille!"* (Matthäus 26,42)

Er spricht wie einer, der nun eine Vorahnung von Gott bekommen hatte, seit Er zuvor gebetet hatte, dass es nicht der Wille Gottes sein möge.

Lukas erzählt uns, wie Gott einen Engel sendet. Matthäus berichtet uns, genau wie Lukas, dass Er in Seinem ersten Gebet betete, dass, wenn es möglich wäre, der Kelch an Ihm vorübergehen solle, aber dann sendet Gott einen Engel, um Ihn erkennen zu lassen, dass es nicht Sein Wille ist, und um Ihn zu ermutigen, den Kelch zu nehmen.

Nachdem Christus diese eindeutigen Zeichen erhalten hatte, dass es nicht der Wille Gottes sei, dass der Kelch an Ihm vorübergeht, willigte Er in die erhaltene Botschaft ein. Er sagte: „Mein Vater, wenn es so ist, wie du jetzt gezeigt hast, dann geschehe dein Wille." Daraus können wir mit Gewissheit folgern, dass das, wofür Christus danach inständig betete, nicht war, dass der Kelch an Ihm vorübergehen solle, sondern etwas anderes.

Er würde nicht gehen, um noch heftiger dafür zu beten, dass der Kelch an Ihm vorübergehen solle, nachdem Gott Ihm gezeigt hatte, dass es nicht Sein Wille war. Das anzunehmen wäre Blasphemie.

Die Ausdrucksweise des zweiten Gebets nach Matthäus: *„Mein Vater, wenn dieser Kelch nicht an mir vorübergehen kann, ohne dass ich ihn trinke, so geschehe dein Wille.",* zeigt, dass Christus danach nicht betete, dass der Kelch an Ihm vorübergehen solle.

Das bedeutet sicher nicht, noch heftiger zu beten, dass der Kelch vorübergehen möge: Es bedeutet eher, in diesen Punkt einzuwilligen und sich unterzuordnen unter das, was von Gott festgelegt und durch den Engel bekannt gemacht wurde.

Die Beschreibung des Gebets durch den Apostel steht im 5. Kapitel des Hebräerbriefes:

> *„Der hat in den Tagen Seines Fleisches sowohl Bitten als auch Flehen mit starkem Geschrei und Tränen dem dargebracht, der Ihn aus dem Tod erretten kann, und ist um Seiner Gottesfurcht willen erhört worden."*

Das starke Schreien und die Tränen, von denen der Apostel spricht, sind zweifellos dieselben, von denen Lukas spricht, wenn er sagt, dass *„er mit dem Tode rang und heftiger betete".* Dies war das heftigste und inständigste Schreien Christi, von dem jemals berichtet wurde.

Aber gemäß dem Bericht des Apostels, war das, was Christus fürchtete und warum Er in diesem Gebet so laut zu Gott schrie, etwas, das Gott Ihm gewährte, und deshalb ging es nicht darum, dass dieser Kelch an Ihm vorübergehen sollte.

Nachdem ich dargelegt habe, was es *nicht* war, wofür Christus in diesem heftigen Gebet gebetet hat, gehe ich weiter, um zu zeigen, was es war, was Christus so inständig von Gott erbat. Ich beantworte es mit einem Wort:

Es war, dass Gottes *Wille* durch Seine Leiden geschehen konnte.

Matthäus berichtet davon in diesem Gebet, das schon mehrmals erwähnt wurde: „*Mein Vater, wenn dieser Kelch nicht vorübergehen kann, ohne dass ich ihn trinke, so geschehe dein Wille!*" Das sind eine Zustimmung und ein Ausdruck der Unterordnung, aber es ist nicht nur das. Die Worte „Der Wille des Herrn geschehe", wie sie gewöhnlich verwendet werden, werden nicht nur als Flehen oder Bitte verstanden, sondern auch als Ausdruck der Unterordnung.

Aber in der Schrift können die Worte auch als Bitte verstanden werden. So sind sie auch in der dritten Bitte des Vaterunsers zu verstehen: „*Dein Wille geschehe, wie im Himmel so auch auf Erden!*" Es sind Worte, die sowohl als Ausdruck der Unterordnung, als auch als Bitte zu verstehen sind, wie sie im Katechismus erklärt werden, und so sind diese Worte hier zu verstehen.

Der Evangelist Markus sagt, dass Christus wieder fortging und dieselben Worte sprach wie in Seinem ersten Gebet (siehe Markus 14:39). Aber dann müssen wir sie so verstehen wie die gleichen Worte in der zweiten Hälfte Seines ersten Gebets: „*Doch nicht was ich will, sondern was du willst*", wie der vollständigere und ausführlichere Bericht von Matthäus zeigt.

Diese Sache, die im Text erwähnt wird und deretwegen Christus im Gebet mit Gott gerungen hatte, war, dass der Wille Gottes im Zusammenhang mit Seinen Leiden geschehen sollte.

Daraus könnte eine weitere Frage entstehen: Was schließt das Gebet Christi mit ein, wenn es heißt, dass im Zusammenhang mit Seinen Leiden Gottes Wille geschehen solle? Darauf antworte ich: Damit Er die Kraft hätte, Seinen Willen zu tun, und nicht nachgeben und in diesen großen Leiden scheitern würde.

Dies wird in Schriftstellen des Alten Testaments bestätigt, besonders im 69. Psalm. Der Psalmist stellt in diesem Psalm Christus dar, was sich offenkundig dadurch zeigt, dass die Worte in diesem Psalm den Worten Christi entsprechen, wie wir sie in vielen Stellen des Neuen Testaments finden. Von diesem Psalm wird gesagt, dass es das Gebet Christi zu Gott sei, als Seine Seele mit Kummer und Entsetzen erfüllt war, genauso wie in Seinem Todeskampf. So heißt es im 2. und 3. Vers: *„Rette mich, Gott, denn Wasser sind bis an die Seele gekommen. Ich bin versunken in tiefen Schlamm und kein fester Grund ist da; in Wassertiefen bin ich gekommen und die Flut schwemmt mich fort."*

Er hatte Furcht vor dem Versagen und von Seiner großen Trübsal überwältigt zu werden:

„Ziehe mich heraus aus dem Schlamm, dass ich nicht versinke! Lass mich errettet werden von denen, die mich hassen und aus den Wassertiefen! Lass die Flut der Wasser mich nicht fortschwemmen und die Tiefe mich nicht verschlingen und lass die Grube ihren Mund nicht über mir verschließen!" (Psalm 69,15-16)

Im 22. Psalm, der ebenfalls das Gebet Christi in Seinem schrecklichen Schmerz und Leid darstellt, heißt es: *„Du aber, Herr, sei nicht fern! Meine Stärke, eile mir zu Hilfe! Errette vom Schwert meine Seele, meine einzige aus des Hundes Pranke! Rette mich aus dem Rachen des Löwen"* (Psalm 22,20-22).

Es war angemessen, dass Christus, wenn Er in diesen schrecklichen Konflikt kommen würde, Er dringend um Gottes

Hilfe bitten musste, damit Er fähig wäre, Seinen Willen zu tun, denn Er brauchte die Hilfe Gottes.

Die Stärke Seiner menschlichen Natur, ohne göttliche Hilfe, war nicht ausreichend, um durchzuhalten. Dies war ohne Zweifel das, woran der erste Adam in seiner ersten Prüfung gescheitert ist, denn als die Prüfung kam, war er sich seiner eigenen Schwachheit und Abhängigkeit nicht bewusst. Hätte er sich an Gott gewendet und um Hilfe und Kraft gegen die Versuchung gebeten, dann wären wir aller Wahrscheinlichkeit nach unschuldige Geschöpfe und glücklich bis zum heutigen Tag.

Außerdem ist dieses Gebet eine Bitte, dass Gottes Wille und Absicht erreicht wird, durch die Auswirkungen und Früchte Seiner Leiden, in der Herrlichkeit Seines Namens und besonders in der Herrlichkeit Seiner Gnade, zum ewigen Heil und Glück Seiner Auserwählten. Dies wird bestätigt durch Johannes 12,27-28:

> *„Jetzt ist meine Seele bestürzt. Und was soll ich sagen? Vater, rette mich aus dieser Stunde? Doch darum bin ich in diese Stunde gekommen. Vater, verherrliche deinen Namen! Da kam eine Stimme aus dem Himmel: Ich habe ihn verherrlicht und werde ihn auch wieder verherrlichen."*

Dort (in Psalm 22) ist die erste Bitte die gleiche wie die Bitte Christi in Seiner Bestürzung: *„Jetzt ist meine Seele bestürzt. Und was soll ich sagen? Vater, rette mich aus dieser Stunde?"* Er betet zuerst, wie Er es hier tut, ob Er vor Seinen letzten Leiden bewahrt werden könne. Dann, nachdem Er in sich selbst beschlossen hat, dass der Wille Gottes ein anderer ist und Er nicht vor jener Stunde bewahrt werden soll, sagt er: *„Doch darum bin ich in diese Stunde gekommen."* Und danach kam Seine zweite Bitte: *„Vater, verherrliche deinen Namen!"*

Also das ist zweifellos die Absicht Seiner zweiten Bitte in Seinem Todeskampf, als Er betete, dass Gottes Wille geschehen möge.

Es geht darum, dass Gottes Wille geschehen möge, zur Ehre Seines Namens und als Frucht Seiner Leiden. Indem Er sah, dass es Sein Wille war, dass Er leiden sollte, betete Er inständig, dass Seine Leiden, die die Verherrlichung Gottes und die Erlösung der Auserwählten zum Ziel hatten, nicht umsonst sein würden.

Diese Dinge sind es, um die Christus so heftig mit Gott in Seinem Gebet gerungen hat, wie es im Text dargestellt wird. Wir haben keinen Grund zu glauben, dass sie nicht im Gebet ausgedrückt wurden, wie soeben angedeutet. Es ist nicht berechtigt anzunehmen, dass der Evangelist in seinen Berichten alle Worte von Christi Gebet erwähnt. Er erwähnt nur das Wesentliche.

3. Christus als Hoher Priester

In welcher Funktion brachte Christus in Seinem Todeskampf diese heftigen Gebete vor Gott? Als Antwort auf diese Frage stelle ich fest, dass Er sie nicht als Privatperson darbrachte, sondern als Hoher Priester. Der Apostel spricht von dem lauten Schreien und Tränen als das, was Christus als Hohe Priester darbrachte. In Hebräer 5,6-7 steht:

> *„Wie Er auch an einer anderen Stelle sagt: „Du bist Priester in Ewigkeit nach der Ordnung Melchisedeks." Der hat in den Tagen Seines Fleisches sowohl Bitten als auch Flehen mit starkem Geschrei und Tränen dem dargebracht, der Ihn aus dem Tod erretten kann und ist um Seiner Gottesfurcht willen erhört worden."*

Die Dinge, für die Christus in diesem lauten Schreien betete, waren nicht privater Natur, sondern von allgemeiner Bedeutung für die ganze Gemeinde, von der Er der Hohepriester ist. Dass der Wille Gottes geschehen sollte durch Seinen Gehorsam bis zum Tod und dass Ihn Seine Kraft und Sein Mut nicht verlassen sollten, sondern dass er aushalten konnte, war für die Gemeinde von großer Bedeutung.

Wenn Er versagt hätte, wären alle gescheitert und für immer verloren. Und dass der Name Gottes durch die Auswirkungen und Früchte Seiner Leiden und durch die Errettung und Herrlichkeit all Seiner Auserwählten verherrlicht werden sollte, war natürlich eine bedeutende Angelegenheit für die ganze Gemeinde. Christus brachte dieses laute Schreien in seiner fleischlichen Natur in der gleichen Weise dar wie die Priester des Alten Testaments ihre Gebete zusammen mit ihren Opfern. Christus vermischte lautes Schreien und Tränen mit Seinem Blut und brachte so Sein Blut und Seine Gebete zusammen dar, so dass die Wirkung und das Ziel Seines Blutvergießens erreicht wurden. Solche heftigen, qualvollen Gebete wurden mit Seinem Blut dargebracht, und Sein unendlich kostbares und verdienstvolles Blut wurde mit Seinen Gebeten dargebracht.

4. Warum betete er so inständig?

Warum betete Christus so inständig in diesem Flehen? Lukas bezeichnet es als sehr heftig. Der Apostel spricht von lautem Schreien. Sein Todeskampf zeigte sich teilweise in dieser Heftigkeit. Der Bericht, den Lukas uns gibt, scheint zu besagen, dass Sein blutiger Schweiß zumindest teilweise von der starken Anstrengung und dem heftigen Gefühl in Seiner Seele kam, während er mit Gott im Gebet gerungen hat. Es gab drei Dinge, die zu diesem Zeitpunkt zusammentrafen, vor allem, um Christus dahin zu führen, so heftig und hingegeben zu beten.

1. Er hatte eine außerordentliche Vorstellung davon, wie schrecklich die Folge wäre, wenn es scheitern sollte, dass Gottes Wille getan wurde. Er hatte auch eine außerordentliche Wahrnehmung von Seinen eigenen letzten Leiden unter dem Zorn Gottes, und wenn Er in diesen Leiden gescheitert wäre, wusste Er, dass die Konsequenzen schrecklich sein mussten. Mit einer außergewöhnlichen Vorausschau auf die Schrecklichkeit des Zornes Gottes, bewirkte Seine Liebe zu den Auserwählten einen ungewöhnlichen Eifer, um sie bis in alle Ewigkeit vom Zorn Gottes zu befreien. Das hätte nicht geschehen können, wenn Er daran gescheitert wäre, den Willen Gottes zu tun, oder wenn der Wille Gottes im Hinblick auf Seine Leiden gescheitert wäre.

2. Die außerordentliche Vorstellung, die Christus von der Kostbarkeit der Errettung der Sünder hatte, ließ Ihn inständig für das Gelingen dieses Opfers beten

3. Christus hatte eine außergewöhnliche Wahrnehmung von Seiner Abhängigkeit von Gott und Seinem Bedürfnis nach Hilfe, damit Er den Willen Gottes in dieser großen Prüfung erfüllen konnte. Obwohl Er unschuldig war, brauchte Er doch göttliche Hilfe. Als Mensch war Er von Gott abhängig und deshalb lesen wir, dass Er auf Gott vertraute. In Matthäus 27,43 heißt es: *„Er vertraute auf Gott, der rette Ihn jetzt, wenn er Ihn liebt; denn Er sagte: Ich bin Gottes Sohn.“* Als Er die Schrecklichkeit dieses Zornes, den Er zu erleiden hatte, vor Augen hatte, sah Er, wie sehr es die Kraft Seiner menschlichen Natur überstieg.

5. Was war der Erfolg Seines Gebets?

Was war der Erfolg von diesem Gebet Christi? Darauf antworte ich, er bekam alles, für was Er gebetet hatte.

Der Apostel sagt: „Er ist um seiner Gottesfurcht willen erhört worden."

Er erhielt die Kraft und Hilfe von Gott und wurde durchgetragen. Er wurde befähigt, den ganzen Willen Gottes zu erleiden. Er empfing alles, was mit der Vollendung seiner Leiden verbunden war: Eine vollständige Sühnung für die Sünden der ganzen Welt und die vollständige Erlösung für alle, die Ihm im Erlösungsbund gegeben wurden, sowie die Verherrlichung des Namens Gottes, was durch Ihn als Mittler erfüllt werden sollte; kein Jota oder Pünktchen war verloren gegangen.

In Seinem Todeskampf war Christus insbesondere der Gegentypus von Jakob, bezogen auf Sein Ringen mit Gott um einen Segen, was Jakob nicht als Privatperson tat, sondern als Haupt seiner Nachkommenschaft, dem Volk Israel. Dafür erhielt er die Anerkennung Gottes: „Als Fürst hast du mit Gott gekämpft und überwältigt." Darin war er ein Typus von Ihm, Christus, dem Fürst aller Fürsten.

Anwendung

Durch die Betrachtung des lauten Schreiens und der Tränen Christi in den Tagen Seiner fleischlichen Natur können wir viel lernen: Es lehrt uns, wie wir zu Gott beten sollen, nicht auf kalte und sorglose Art und Weise, sondern mit großem Eifer und mit Hilfe des Heiligen Geistes, vor allem, wenn wir zu Gott für Dinge beten, die unendlich wichtig sind, wie geistliche und ewige Segnungen.

Das waren die Dinge, für die Christus mit lautem Schreien und unter Tränen betete. Er bat, dass Er von Gott befähigt werden möge, um Seinen Willen in dieser großen und schwierigen Aufgabe, zu der Gott Ihn berufen hatte, tun zu können, dass Er dabei nicht aufgeben und versagen, sondern den Sieg erringen und schließlich von den Toten auferstehen würde.

Er betete, dass Gottes Wille als Frucht Seiner Leiden Gott verherrlicht und die Erlösung der Auserwählten geschehe. Wenn wir im Gebet mit einem kalten, schwerfälligen Herz vor Gott treten und gelangweilt und lustlos beten, Ihn um ewige Segnungen bitten und um unendlich viele Segnungen für unsere Seele zu empfangen, sollten wir an die heftigen Gebete Christi denken, die Er unter Tränen und mit blutigem Schweiß Gott dargebracht hat.

Diese Betrachtung könnte bewirken, dass wir uns für unsere geistlosen, langweiligen Gebete zu Gott schämen. Wobei wir in der Regel eher mit einer Ablehnung rechnen als mit einer Erhörung, denn die Art und Weise, wie wir zu Gott beten, zeigt, dass wir nicht auf die große Bedeutung einer Gebetserhörung schauen, und dass wir uns nicht darüber im Klaren sind, ob Gott uns antwortet oder nicht.

Das Beispiel Jakobs im Ringen mit Gott für den Segen, sollte uns lehren, mit großem Eifer zu beten, aber mehr noch das Beispiel von Jesus Christus, der mit Gott in blutigem Schweiß gerungen hatte. Wenn wir uns wie Christus über die große Bedeutung dieser Bitten, die ewige Auswirkungen haben, bewusst wären, würden unsere Gebete zu Gott für solche Anliegen anders lauten als jetzt. Unsere Seelen würden mit ernsthafter Arbeit und Kampf in die Pflicht genommen werden.

Es gibt viele Dinge, um die wir Gott im Gebet bitten, und sie sind von gleich großer Bedeutung für uns wie die Gebete Christi in Seinem Todeskampf vor Gott. Es hat für uns eine große Bedeutung, dass wir in die Lage versetzt werden, den Willen Gottes zu tun und mit aufrichtigem und beharrlichem Gehorsam gegenüber Seinen Geboten zu leben, so wie es für Christus wichtig war, dass Er nicht daran scheiterte, den Willen Gottes in Seinem großen Werk zu tun.

Es ist von großer Wichtigkeit für uns, vom Tod errettet zu werden, so wie es für Christus wichtig war, den Sieg über den Tod zu erringen und dadurch von ihm errettet zu werden.

Es ist von großer, von unendlich großer Wichtigkeit für uns, dass die Erlösung Christi in uns erfolgreich ist, so wie es für Ihn wichtig war, dass der Wille Gottes geschehen sollte – durch die Frucht und den Erfolg Seiner Erlösung.

Christus rief Seine Jünger zu großer Wachsamkeit und intensivem Gebet auf, wodurch sie gleichzeitig ein Beispiel für andere waren. Als Christus in Seinem Todeskampf war, kam Er und fand Seine Jünger schlafend und gebot ihnen zu wachen und zu beten. In Matthäus 26:41 steht: *„Wacht und betet, damit ihr nicht in Versuchung kommt! Der Geist zwar ist willig, das Fleisch aber schwach.“* Gleichzeitig gab Er ihnen ein Beispiel für das, was er Ihnen gebot, denn obwohl sie schliefen, wachte Er und schüttete Seine Seele in diesem heftigen Gebet aus.

Christus hat uns an anderer Stelle gelehrt, um die Segnungen Gottes zu bitten, die unendlich wichtig sind. Wir haben ein weiteres Beispiel für die großen Konflikte und die Hingabe des

Geistes Christi in Lukas 6:12: „*Und es geschah in diesen Tagen, dass Er auf den Berg hinausging, um zu beten; und Er verbrachte die Nacht im Gebet zu Gott.*" Er hat sich oft im Gebet mit großem Eifer Gott anbefohlen. Im Gleichnis vom ungerechten Richter heißt es in Lukas 18,2-6:

> „*Er sagte ihnen aber auch ein Gleichnis dafür, dass sie allezeit beten und nicht ermatten sollten und sprach: Es war ein Richter in einer Stadt, der Gott nicht fürchtete und vor keinem Menschen sich scheute. Es war aber eine Witwe in jener Stadt und sie kam zu ihm und sprach: Schaffe mir Recht gegenüber meinem Widersacher! Und eine Zeitlang wollte er nicht; danach aber sprach er bei sich selbst: Wenn ich auch Gott nicht fürchte und vor keinem Menschen mich scheue, so will ich doch, weil diese Witwe mir Mühe macht, ihr Recht verschaffen, damit sie nicht am Ende komme und mir ins Gesicht fahre. Der Herr aber sprach: Hört, was der ungerechte Richter sagt!*"

In Lukas 11,5-8 sagte Jesus:

> „*Und Er sprach zu ihnen: Wer von euch wird einen Freund haben, und wird um Mitternacht zu ihm gehen und zu ihm sagen: Freund, leihe mir drei Brote, da mein Freund von der Reise bei mir angekommen ist und ich nichts habe, was ich ihm vorsetzen soll! Und jener würde von innen antworten und sagen: Mach mir keine Mühe! Die Tür ist schon geschlossen und meine Kinder sind bei mir im Bett; ich kann nicht aufstehen und dir geben? Ich sage euch, wenn er auch nicht aufstehen und ihm geben wird, weil er sein Freund ist, so wird er wenigstens um seiner Unverschämtheit willen aufstehen und ihm geben, soviel er braucht.*"

Er lehrte sie auf Seine Weise über Gebetserhörungen, wie bei der Frau aus Kanaan in Matthäus 15,22:

„Und siehe, eine kanaanäische Frau, die aus jenem Gebiet herkam, schrie und sprach: Erbarme dich meiner, Herr, Sohn Davids! Meine Tochter ist schlimm besessen. Er aber antwortete ihr nicht ein Wort. Und seine Jünger traten hinzu und baten Ihn und sprachen: Entlass sie! Denn sie schreit hinter uns her. Er aber antwortete und sprach: Ich bin nur gesandt zu den verlorenen Schafen des Hauses Israel. Sie aber kam und warf sich vor Ihm nieder und sprach: Herr, hilf mir! Er antwortete und sprach: Es ist nicht schön, das Brot der Kinder zu nehmen und den Hunden hinzuwerfen. Sie aber sprach: Ja, Herr; doch es essen ja auch die Hunde von den Krumen, die von dem Tisch ihrer Herren fallen. Da antwortete Jesus und sprach zu ihr: O Frau, dein Glaube ist groß. Dir geschehe, wie du willst. Und ihre Tochter war geheilt von jener Stunde an.“

Und wie Christus in Seinem Todeskampf betete, so habe ich schon einige Texte der Heiligen Schrift angeführt, in denen wir aufgerufen werden, in unseren Gebeten mit Gott zu ringen.

Diese inständigen Gebete und lauten Schreie von Christus zum Vater in Seinem Todeskampf zeigen uns die Größe Seiner Liebe für die Sünder. Denn wie sich gezeigt hat, brachte Jesus Christus diese lauten Schreie als natürliche Person vor Gott dar, in der Funktion des Hohenpriesters und im Namen derer, deren Priester Er war.

Als Er Sein Opfer für die Sünder darbrachte, die Er von Ewigkeit her geliebt hatte, opferte Er inständige Gebete. Seine lauten Schreie, Seine Tränen und Sein Blut wurden zusammen vor Gott dargebracht und wurden für das gleiche Ziel geopfert: Zur

Verherrlichung Gottes durch die Erlösung der Auserwählten. Sie wurden für Sein Volk geopfert. Für sie hat Er Sein Blut vergossen, als es in geronnenen Klumpen zu Boden fiel. Für sie schrie Er so inständig zu Gott.

Der Wille Gottes sollte durch das Ende Seiner Leiden erfüllt werden und, durch den Sieg Seines Blutes, die Errettung derer bewirken, für die dieses Blut vergossen wurde.

Daher zeigt sich in diesem lauten Schreien Seine tiefe Liebe, es zeigt, wie massiv Er sich die Errettung der Sünder wünschte. Er schrie zu Gott, damit Er nicht doch noch nachgeben und versagen würde. Wenn Er versagen würde, könnten Sünder nicht errettet werden und würden verlorengehen. Er betete, dass Er den Sieg über den Tod erringen würde. Denn, wenn Er den Sieg nicht errungen hätte, hätte Sein Volk auch keinen Sieg. Sie können durch nichts anderes überwinden als durch Seine Überwindung.

Wenn der Kapitän unserer Errettung in diesem schmerzhaften Konflikt nicht gesiegt hätte, dann hätte keiner von uns den Sieg und wir wären alle mit Ihm untergegangen. Er schrie zu Gott, dass Er vom Tod errettet würde, und wenn Er nicht bei Seiner Auferstehung vom Tod errettet worden wäre, dann hätte keiner von uns jemals vom Tod errettet werden können.

Es war von großer Bedeutung, Christus in diesem großen Konflikt Seines Todeskampfes zu sehen, aber alles geschah aus der tiefen Liebe heraus, die in Seinem Herzen war. Seine Tränen, die Ihm aus den Augen flossen, kamen aus Liebe. Sein beträchtlicher Schweiß trat aus Liebe hervor; Sein Blut, Sein Sich-Niederwerfen vor Gott geschah aus Liebe. Sein inständiges Schreien zu Gott kam aus der Stärke und Innigkeit Seiner Liebe.

Es gilt als ein Grundprinzip unter christlichen Freunden, dass sie sich echte Liebe und Wohlwollen entgegenbringen und von Herzen füreinander beten. Ebenso verweist uns Christus darauf, unsere Feinde zu lieben und für sie zu beten. In Matthäus 5,44 sagte Er: *„Ich aber sage euch: Liebt eure Feinde und betet für die, die euch verfolgen"*. Aber gab es jemals ein Gebet, dass die Liebe zu Feinden in einem solchen Maß gezeigt hätte, wie dieses laute Schreien und die Tränen des Sohnes Gottes, um durch den Sieg Seines Blutes die Errettung Seiner Feinde zu erwirken?

Der Kampf und der Konflikt Seiner Seele im Gebet waren es, die Seinen Todeskampf und Seinen blutigen Schweiß verursachten. Wenn Christus so inständig zu Gott betete, dass das Ende Seiner Leiden die Errettung der Sünder bewirken konnte, wie sehr sollten diese Sünder getadelt werden, die ihr eigenes Heil nicht ernsthaft suchen? Wenn Christus als ihr Hoher Priester so laute Schreie für die Sünder opferte, wodurch ihre Erlösung erkauft wurde, und wenn Er, der die Sünder nicht brauchte, der seit aller Ewigkeit glücklich war ohne sie und der durch sie nicht glücklicher werden konnte, wie groß ist dann die Torheit jener Sünder, die ihre eigene Erlösung auf langweilige und geistlose Art suchen? Wie dumm sind diejenigen, die sich mit einer formalen Teilnahme an den Pflichten der Religion begnügen, mit dem Herzen aber in der Zwischenzeit sehr viel intensiver nach ganz anderen Dingen streben?

Sie nehmen irgendwie Teil an der Pflicht der gemeinsamen Gebete, in denen sie Gott bitten, dass Er Erbarmen mit ihnen haben und sie erretten möge; aber auf welche armselige und geistlose Weise tun sie es! Sie neigen ihre Herzen weder der Weisheit zu, noch ihre Ohren dem Verständnis; sie rufen nicht nach Weisheit, noch erheben sie ihre Stimme, um Verständnis zu erlangen; sie suchen es nicht wie Silber, noch suchen sie danach wie nach einem verborgenen Schatz. Christi heftiges

Schreien in Seinem Todeskampf kann uns davon überzeugen, dass es nicht ohne Grund war, dass Er so beharrlich war.

In Lukas 13,24 sagte Jesus, dass wir darum ringen sollen, durch die enge Pforte hineinzugehen, was, wie ich bereits erwähnt habe, im Urtext *„Agwnizesqe"* heißt: „mit dem Tode ringen, um durch die enge Pforte zu gehen". Wenn Sünder auf einem hoffnungsvollen Weg wären, um ihre Erlösung zu erlangen, sollten sie für dieses große Anliegen wie Männer kämpfen, die gewaltsam eine Stadt einnehmen wollen, wie es in Matthäus 11,12 heißt: *„Aber von den Tagen Johannes des Täufers an bis jetzt wird dem Reich der Himmel Gewalt angetan, und Gewalttuende reißen es an sich."*

Wenn eine Truppe von entschlossenen Soldaten versuchen würde, eine stark bewachte Stadt, in der sie auf großen Widerstand treffen wird, einzunehmen, zu welchen gewaltsamen Konflikten kommt es dann zuerst, bevor die Stadt eingenommen werden kann! Wie stark werden die Soldaten gegen die Mündungen der feindlichen Kanonen und die Spitzen ihrer Schwerter ankämpfen! Wenn die Soldaten die Stadtmauern erklimmen und zum ersten Mal die Stadt betreten, führt das zu einem heftigen Kampf zwischen ihnen und ihren Feinden, die alles daransetzen, sie draußen zu halten! Sie werden sich mit all ihrer Kraft einsetzen! Genauso sollten wir alles daransetzen, unser Heil zu erlangen, wenn wir in einer ähnlichen Lage wären.

Wie groß ist die Torheit derer, die damit zufrieden sind, mit einer kalten und leblosen geistlichen Verfassung danach zu suchen und so weiter zu machen von Monat zu Monat und von Jahr zu Jahr und damit selbstgefällig vorgeben, dass sie erfolgreich sind? Wie viel mehr noch sollten diejenigen zurechtgewiesen werden, die überhaupt nicht auf der Suche nach ihrer Errettung sind, sondern ihre kostbaren Seelen ganz vernachlässigen? Sie erfüllen die Pflichten der Religion nicht mehr als notwendig, um vor Menschen gut dazustehen. Anstatt in das Reich Gottes einzudringen, drängen sie gewaltsam in die Richtung ihrer eigenen Zerstörung und in ihr Verderben. Sie verharren in ihren Begierden wie die Herde Schweine, die von der Legion von Dämonen angetrieben wurde, vom Abhang ins Meer stürzte und im Wasser ertrank! (Matthäus 8,32).

Aus dem, was in diesem Satz gesagt worden ist, können wir lernen, auf welche Weise Christen den Auftrag, der vor ihnen liegt, tun sollten.

Christus hatte eine große Aufgabe vor sich, als Er in Gethsemane mit dem Tode rang. Obwohl Sein Lebensende sehr nahe war, hatte Er, als Seine Leiden anfingen, die wichtigste Aufgabe noch vor sich, für die Er in diese Welt gekommen war. Diese Aufgabe bestand darin, ein Opfer zu bringen, welches Er in Seinen letzten Leiden darbrachte, und welches somit die größte Tat Seines Gehorsams gegenüber Gott war. Und genauso haben die Christen eine große Aufgabe vor sich, einen Dienst, den sie für Gott tun sollen, und das ist mit großen Schwierigkeiten verbunden. Vor ihnen liegt ein Wettlauf, den sie zu bestreiten haben, eine Schlacht, die sie zu schlagen haben.

Christus selbst war es, der während Seines Todeskampfes außerordentlich geprüft wurde; deshalb gefällt es Gott, Sein Volk durch große Prüfungen zu trainieren. Christus stieß bei dem Auftrag, den Er auszuführen hatte, auf großen Widerstand; deshalb werden die Gläubigen in dem Wettlauf, den sie zu bestreiten haben, auch auf großen Widerstand stoßen.

Christus hatte als Mensch eine schwache Natur, die in sich selbst unzureichend war, um so einen Konflikt durchzuhalten oder um eine solche Last zu tragen, die auf Ihn gelegt wurde. Deshalb haben die Heiligen die gleiche schwache menschliche Natur.

Außerdem haben die Gläubigen eine sündhafte Schwachheit, die Christus nicht hatte, welche große Nachteile mit sich bringt und ihre Aufgabe noch erschwert. Die großen Beschwernisse und Schwierigkeiten, die vor Christus lagen, waren der Weg, auf dem Er in das Reich der Himmel gehen musste; ebenso müssen seine Nachfolger davon ausgehen, dass sie „durch viel Trübsal in das Reich der Himmel eingehen werden."

Das Kreuz war für Christus der Weg zur Krone der Herrlichkeit, und genauso ist es bei Seinen Jüngern.

Die Umstände sind für Christus und Seine Nachfolger die gleichen; und deshalb ist das Verhalten Christi unter diesen Umständen ein gutes Beispiel für sie, es genauso zu tun. Sie sollten auf ihren Kapitän schauen und beobachten, auf welche Weise Er Seine große Aufgabe erfüllte und die großen Beschwernisse sehen, die Er ertrug. Sie sollten beobachten, auf welche Weise Er in das Reich der Himmel hineinging, um die Krone der Herrlichkeit zu erhalten, und deshalb sollten auch sie das Wettrennen laufen, das sie zu bestreiten haben.

„Deshalb lasst nun auch uns, da wir eine so große Wolke von Zeugen um uns haben, jede Bürde und die uns so leicht umstrickende Sünde ablegen und mit Ausdauer laufen den vor uns liegenden Wettlauf, indem wir hinschauen auf Jesus, den Anfänger und Vollender des Glaubens, der um der vor Ihm liegenden Freude willen die Schande nicht achtete und das Kreuz erduldete und sich gesetzt hat zur Rechten des Thrones Gottes."

Insbesondere sollten Gläubige das Folgende beachten:

1. Wenn andere schlafen, sollten sie wach sein wie Christus. Die Zeit von Christi Todeskampf war die Nacht, die Zeit, in der Menschen schlafen. Es war die Zeit, in der die Jünger schliefen, aber Christus hatte etwas anderes zu tun als zu schlafen. Er hatte einen großen Auftrag vor sich und hielt sich wach, indem Er sich inständig mit dieser Aufgabe beschäftigte.

   So sollte es bei den Gläubigen von Christus sein, wenn die Seelen ihrer Nachbarn in ihren Sünden schlafen und unter der Macht einer lethargischen Gefühllosigkeit und Trägheit stehen. Dann sollten sie wachen und beten und ein tiefes Gespür für die unendliche Bedeutung ihres geistlichen Auftrags entwickeln: *„Also lasst uns nun nicht schlafen wie die übrigen, sondern wachen und nüchtern sein."* (1. Thessalonicher 5:6).

2. Sie sollten ihren Auftrag wie Christus sehr ernst nehmen und hart dafür arbeiten. Die Zeit, in der die anderen schliefen, war eine Zeit, in der Christus Seinen großen Auftrag ausführte, Seine ganze Kraft einsetzte, mit dem Tode rang und unter Tränen und in Seinem Blut kämpfte. Genauso sollten Christen sich mit allergrößtem Eifer daran machen, sich mit ihrem ganzen Herzen in diese Aufgabe zu investieren und den Widerstand, auf den sie treffen, zu durchbrechen. Sie sollten alle Schwierigkeiten und Leiden auf dem Weg überwinden und das vor ihnen liegende Rennen mit Ausdauer laufen.

   Sie sollten den Feinden ihrer Seele mit aller ihrer Kraft entgegentreten als diejenigen, die nicht gegen Fleisch und Blut kämpfen, sondern gegen Fürsten und Gewaltige, gegen die Herrscher der Finsternis dieser Welt und gegen die geistigen Mächte der Bosheit in der Himmelswelt.

3. Diese schwere Arbeit und der Kampf sollten so sein, dass Gott dabei verherrlicht wird und sie ihre eigene, ewige Zufriedenheit erlangen, indem sie den Willen Gottes tun. So war es mit Christus: Der Grund für Seinen Eifer und Sein Kämpfen war, dass Er den Willen Gottes erfüllte und Seinen Auftrag ausführte, Seinen schwierigen Auftrag, ohne daran zu scheitern. Auf diese Weise konnte der Wille Gottes geschehen, zur Verherrlichung Seines ewigen und großen Namens und damit Seine Auserwählten durch Seine Leiden errettet würden, so wie Er es vorgesehen hatte.

Dies ist ein Beispiel, dem Seine Heiligen folgen sollen; Kampf und Wettlauf und Krieg, das ist es, wozu Gott sie berufen hat: Sie sollten bestrebt sein, den Willen ihres himmlischen Vaters zu tun, auf dass sie, wie der Apostel es ausdrückt: *„Prüfen, was der Wille Gottes ist: das Gute und Wohlgefällige und Vollkommene"* (Römer 12,2). Auf diese Weise verherrlichen sie Gott und werden in der Freude an Gott für immer glücklich sein.

4. Bei all den großen Aufgaben, die sie haben, sollten ihre Augen auf Gott gerichtet sein, damit Er ihnen hilft zu überwinden. Genauso tat es der Mensch Christus Jesus: Er rang bei Seinem Auftrag sogar mit dem Tod und bis blutiger Schweiß austrat. Aber wie hat Er gerungen? Es war nicht aus eigener Kraft heraus, sondern Seine Augen waren auf Gott gerichtet, Er schrie zu Ihm und erflehte Seine Hilfe und Kraft, um Ihn zu stützen, damit Er nicht scheiterte. Er wachte und betete, wie Er es sich auch von Seinen Jüngern erhoffte. Er rang mit Seinen Feinden und mit Seinen großen Leiden, aber zur gleichen Zeit rang er mit Gott, um Hilfe von Ihm zu erhalten, die Ihn befähigte, den Sieg zu erringen.

Deshalb sollten die Heiligen all ihre Kraft auf ihrem christlichen Weg bis zum Äußersten einsetzen, aber nicht aus ihrer eigenen Kraft heraus, sondern indem sie lautstark zu Gott schreien und Seine Hilfe erflehen, damit sie zu Überwindern werden

5. Auf diese Weise sollten sie durchhalten bis zum Ende – wie Christus. Christus war auf diese Weise erfolgreich, errang den Sieg und gewann den Preis. Er überwand und setzte sich mit dem Vater auf Seinen Thron. Deshalb sollten Christen ausharren und bei der Durchführung ihres großen Auftrags bis zum Ende durchhalten. Sie sollten ihr Rennen bis zum Ende laufen. Sie sollten bis zum Tod treu sein, wie Christus es war, und dann, wenn sie überwunden haben, sollen sie sich mit Ihm auf Seinen Thron setzen: *„Wer überwindet, dem werde ich geben, mit mir auf meinem Thron zu sitzen, wie auch ich überwunden und mich mit meinem Vater auf Seinen Thron gesetzt habe"* (Offenbarung 3,21).

Wenn hier belastete und verzweifelte Sünder sind, dann kann das eine Ermutigung sein, zu Christus zu kommen, um errettet zu werden. Hier gibt es starke Ermutigung für Sünder, zu ihrem Hohen Priester zu kommen, der sich mit lauten Schreien und Tränen, vermengt mit Seinem Blut, darbrachte, damit durch Seine Leiden Sünder errettet werden.

Hier gibt es große Gewissheit, dass Christus bereitsteht, um Sünder anzunehmen und ihnen Errettung zu schenken. Sein lautes Schreien, dass Er als unser Hoher Priester darbrachte, zeigt, wie tief Sein Wunsch war.

Wenn Er nicht bereit gewesen wäre, Sünder zu erretten, und seien sie noch so unwürdig, warum hätte Er in Seinem blutigen Schweiß so mit Gott ringen sollen? Würde jemand so inständig zu Gott schreien, mit solch kostbaren Schreien, in schwerer Arbeit wie in Geburtswehen Seiner eigenen Seele, wenn Er sich nicht gewünscht hätte, dass Gott Seine Gebete erhört?

Sicher nicht! Aber dies zeigt, wie sehr Sein Herz auf den Erfolg Seiner Erlösungstat gerichtet war.

Hier gibt es die größte Gewissheit, dass Gott darauf wartet, alle, die durch Christi Gnade zu Ihm kommen, anzunehmen, denn dafür hatte Christus in diesen heftigen Gebeten für sie gebetet. Seine Gebete wurden immer erhört, wie Christus in Johannes 11,42 sagt: „Ich aber wusste, dass du mich allezeit erhörst." Daraus können wir schließen, dass die Gebete ihres Hohenpriesters, der diese lauten Schreie zusammen mit Seinem Blut darbrachte, aus folgenden Gründen erhört wurden:

1. Es waren die heftigsten Gebete, die jemals gebetet wurden. Jakob hat sehr heftig mit Gott gerungen, und viele andere haben mit vielen Tränen mit Gott gerungen. Ohne Zweifel haben viele Heilige in schwerer, innerer Anstrengung und im Kampf mit Gott gerungen, was starke Auswirkungen auf den Körper hatte. Aber so heftig war Christi Ringen, so hart war Sein innerer Kampf und die Inbrunst in Seinem Herzen, dass Er in blutigem Schweiß zu Gott schrie. Wenn Inständigkeit und Beharrlichkeit im Gebet zu Gott jemals erfolgreich waren, dann können wir daraus schließen, dass diese Gebete es waren.

2. Als Er dann betete, war Er die würdigste Person, die jemals ein Gebet darbrachte. Er hatte mehr Würde als je ein Mensch oder Engel in den Augen Gottes hatte, weil Er der eingeborene Sohn Gottes war, unendlich liebenswert in Seinen Augen. Dies war der Sohn, wie er immer wieder betonte, an dem Er Wohlgefallen hatte. Er stand Gott grenzenlos nahe und hatte mehr Würde als alle Menschen und Engel zusammen. Wir können annehmen, dass Er erhört wurde, als Er mit dieser Heftigkeit zu Gott schrie. Hat nicht Jakob, ein armer sündiger Mensch, nachdem er mit Gott inständig gerungen hatte, den Namen ISRAEL erhalten,

und hat er nicht danach, als Königssohn, Kraft von Gott empfangen, so dass er siegte? Und hat nicht Elia, der ein leidenschaftlicher Mann in einer verdorbenen Welt war, als er inbrünstig zu Gott betete, Gott dazu bewegt, große Wunder zu tun? Sollte da nicht der eingeborene Sohn Gottes, als Er unter Tränen und mit Blut mit Gott rang, Sein Ziel erreichen und Seine Bitte erfüllt bekommen? Sicherlich gibt es keinen Grund, darüber Mutmaßungen anzustellen, und daher gibt es auch keinen Grund, daran zu zweifeln, ob Gott Ihm die Errettung gewähren wird, wie Er es erbeten hat.

3. Christus brachte diese inbrünstigen Gebete dar in Form der besten Bitte um Erhörung, die jemals vor Gott gebracht wurde, weil er mit Seinem eigenen Blut die Bitte vorgebracht hat. Er hat nicht nur laute Schreie geopfert, er bot auch einen Preis an, der völlig ausreichte, um damit das zu erkaufen, um das Er gebeten hatte.

4. Christus brachte diesen blutigen Preis zusammen mit diesen lauten Schreien als Opfer dar. Denn zur gleichen Zeit, als Er diese inständigen Bitten für den Erfolg Seiner Erlösung zur Errettung von Sündern vor Gott ausschüttete, vergoss Er Sein Blut. Sein Blut fiel auf den Boden, und im selben Augenblick stiegen Seine Schreie zum Himmel auf. Lass belastete und Not leidende Sünder, die die Wirkungskraft von Christi Fürsprache für solche unwürdigen Kreaturen, wie sie es sind, anzweifeln, und die Gottes Bereitschaft, sie um Christi willen anzunehmen, in Frage stellen, darüber nachdenken. Gehe zu dem Garten, in dem der Sohn Gottes in Seinem Todeskampf war, wo Er so inständig zu Gott schrie und wo Sein Schweiß wie große Blutstropfen war, und dann sieh, welche Schlussfolgerung du aus einem so wunderbaren Anblick ziehen wirst.

Die Gottesfürchtigen können viel Trost daraus schöpfen, dass Christus als ihr Hoher Priester Gott so inständige Schreie dargebracht hat. Du, der du gute Beweise deines Gläubig seins in Christus hast und Sein wahrer Anhänger und Diener bist, kannst darin reich getröstet sein, dass Jesus Christus dein Hoher Priester ist, und dass Sein Blut, das Er in Seinem Todeskampf vergossen hat, für dich auf den Boden fiel. Diese inständigen Schreie wurden für dich zu Gott geschickt.

Das kann für dich ein Trost sein in allen Verlusten und in allen Schwierigkeiten, weil sie dich im Glauben ermutigen, deine Hoffnung stärken und in dir große Freude hervorrufen. Wenn du in irgendwelchen außergewöhnlichen Schwierigkeiten wärest, dann wäre es ein großer Trost für dich, wenn jemand für dich beten würde, zu dem du aufschaust, weil er ein Mensch ist mit einer großen Gottesfurcht und mit einem tiefen Interesse an dem Thron der Gnade, und vor allem, wenn du wüsstest, dass er in der Fürbitte inständig und stark für dich vor Gott eintritt. Aber um wie viel mehr kannst du getröstet werden, weil du ein Interesse an den Gebeten und Schreien des eingeborenen und unendlich würdigen Sohnes Gottes hast, und weil Er – wie du bereits gehört hast – so inständig für dich gebetet hat!

Daraus können wir lernen, wie ernsthaft Christen beten und sich um die Errettung anderer bemühen sollten. Christen sind Nachfolger Christi und sie sollten **Ihm** darin nachfolgen. Wir verstehen aus dem, was wir gehört haben, wie groß die Anstrengung und Mühsal der Seele Christi waren, um andere zu erretten, und welches inständige und laute Schreien zu Gott Seine Anstrengungen begleitete. Hierin hat er ein Beispiel gegeben für die Diener, die als Mitarbeiter Christi in Geburtswehen sind, bis Christus in ihnen gefunden wird. *„Meine Kinder, um die ich abermals Geburtswehen erleide, bis Christus* *in euch Gestalt gewonnen hat"* (Galater 4,19). Sie sollten bereit sein, zu geben und sich für sie hinzugeben. Sie sollten sich nicht nur für sie aufopfern und inständig für sie beten, sondern sie sollten, wenn es einen Anlass gibt und es erforderlich ist, bereit sein, für sie zu leiden und nicht nur ihre Kraft, sondern auch ihr Blut für sie hinzugeben (2. Korinther 12,15). *„Ich will aber sehr gern alles aufwenden und mich aufopfern für eure Seelen. Wenn ich euch also noch mehr liebe, werde ich dann weniger wiedergeliebt?"*

Dies ist ein Beispiel für Eltern, das zeigt, wie sie sich aufopfern und zu Gott schreien sollten für das geistliche Wohl ihrer Kinder. Du siehst, wie Christus sich aufopferte und abmühte und für die Errettung Seiner geistlichen Kinder zu Gott schrie. Willst du für deine leiblichen Kinder nicht ernstlich Gott suchen und zu Ihm schreien?

Dies ist ein Beispiel für Nachbarn, wie sie beide – einer für den anderen – Gott suchen und zu Ihm schreien sollten für das Wohl der Seele des anderen. In Johannes 15,12 finden wir das Gebot Christi, dass sie einander lieben sollen, wie Christus sie geliebt hat. Schließlich ist dies ein Beispiel für uns, das uns zeigt, wie wir uns ernsthaft bemühen und für das geistliche und ewige Wohl unserer Feinde beten sollten, denn Christus tat dies alles für Seine Feinde. Diese Feinde waren genau in diesem Augenblick eifrig dabei, sich gegen Ihn zu verschwören und Seinen Tod zu planen, um ihre Bosheit und Grausamkeit zu befriedigen. Er tat es in der Zeit Seiner extremsten Folterungen und Seiner schmachvollsten Zerschlagung.

weitere

Buchempfehlungen ...

Sandy Davis Kirk

Sandy Davis Kirk

Die
unauslöschliche
Flamme

Erweckung, die nie aufhört

Die
unauslöschliche
Flamme

Erweckung die nie
aufhört

Ein großer Hunger nagt an der Seele westlicher Gemeinden. Christen haben ein Verlangen, mit einer niemals endenden Leidenschaft erfüllt zu sein. Wir sehnen uns nach der unauslöschlichen Flamme der Erweckung, die Jesus uns geben möchte.
Wie können wir eine Erweckung haben, die nicht im Sande verläuft? Wie können wir innerlich brennen, ohne das Feuer wieder zu verlieren?
Wo sind die Propheten, die die Leere wahrnehmen, die sich während der letzten 100 Jahre in die Gemeinden eingeschlichen hat?

ISBN: Buch: 9783732297900   E-Books: 9783735746641

Sandy Davis Kirk

Die Herrlichkeit des
Lammes

Eine Erkundung von Gottes
ewigem Opfer

Die Herrlichkeit des Lammes

Eine Erkundung
von Gottes ewigem Opfer

Sandy Davis Kirk

Dieses Buch ist für alle die sich von Herzen wünschen dem Lamm zu folgen, wo immer es auch hingeht. Die Kirche in den westlichen Nationen hat schon lange eine Theologie des Leidens aufgegeben. Wir haben sie mit einer Lehre ersetzt die uns glauben ließ, wenn wir nur genug Glauben hätten, bräuchten wir auch nie zu leiden. Dieses Buch wird wie eine Schutzimpfung gegen die tödliche Krankheit der Abkehr vom Glauben sein, der den Heiligen überliefert wurde.
- Ralph Mahoney, Vorsitzender von „World Map"

Die Offenbarung von der Herrlichkeit des Lammes … durchbohrte unsere Herzen und befreite uns von einer gefährdeten Kirche so dass uns die Liebe Christ verzehren kann!
- Pastor Chris Clay, Macclesfield, England

ISBN: Buch: 9783734757365   E-Books: 9783739253480

Tim Mc Manigle

Aufsehen zu Jesus

Jesus Christus durch
Glauben betrachten

Das Christentum ist keine Religion in der sich jemand nach Gott ausstreckt und versucht, einen heiligen und gerechten Gott zu besänftigen und Ihm zu gefallen, sondern eine Beziehung, welche von Gott ausgeht und die Er sich wünscht.

Aufsehen zu Jesus bedeutet, Jesus Christus durch Glauben zu betrachten, der alles ist was ich als Sünder brauche: Als Versager, als schwacher Mensch der in Not geraten ist und Ihm zu vertrauen, dass Er in meiner aktuellen Not für mich da ist.

ISBN: Buch: 9783751955423   E-Books: 9783751965958